高等院校教师教育公共课教材

班级管理实践手册

主　编　刘迎春　徐长江　沈建华
副主编　杨燕燕　钟晨音

中国教育出版传媒集团
高等教育出版社·北京

内容简介

本书为高等院校教师教育公共课教材，旨在提高中小学教师的班级管理水平和师范生人才培养的质量。本书基于先进的教育理念，构建了生本管理、以激励为主的班级管理核心理念，结合具体实例详细介绍了班级群体的组建、班级组织的建设、班级常规的建立、偏差行为与偶发事件的处理、班级环境的管理、学生作业的管理与操行的评定、人际关系的协调、班级文化的构建八个方面的具体操作方法及注意事项。

本书力求把班级管理的理论与实践结合起来，强调理论知识在实践中的应用。本书可作为高等师范院校班级管理课程的教材，还可供中小学教师培训和研修使用。

图书在版编目（CIP）数据

班级管理实践手册 / 刘迎春，徐长江，沈建华主编. -- 北京：高等教育出版社，2023.12（2025.1重印）

ISBN 978-7-04-059588-8

Ⅰ. ①班… Ⅱ. ①刘… ②徐… ③沈… Ⅲ. ①中小学-班级-学校管理-教材 Ⅳ. ①G632.421

中国国家版本馆 CIP 数据核字(2023)第 007307 号

班级管理实践手册

Banji Guanli Shijian Shouce

策划编辑 路秋丽 付 聪　责任编辑 路秋丽　封面设计 李小璐　版式设计 马 云

责任绘图 易斯翔　责任校对 刘俊艳 刘丽娴　责任印制 刘弘远

出版发行 高等教育出版社
社 址 北京市西城区德外大街 4 号
邮政编码 100120
印 刷 天津鑫丰华印务有限公司
开 本 787 mm × 1092 mm 1/16
印 张 14.25
字 数 310 千字
购书热线 010-58581118
咨询电话 400-810-0598
网 址 http://www.hep.edu.cn
http://www.hep.com.cn
网上订购 http://www.hepmall.com.cn
http://www.hepmall.com
http://www.hepmall.cn
版 次 2023 年 12 月第 1 版
印 次 2025 年 1 月第 2 次印刷
定 价 35.20 元

本书如有缺页、倒页、脱页等质量问题，请到所购图书销售部门联系调换

物 料 号 59588-00

前　　言

本教材基于建构主义教学理论，以班级管理工作为载体，采用任务驱动的方式组织教学内容，将教学内容融入每个任务之中，重点在于帮助学习者迅速掌握完成任务所需要的技能。

本教材具有以下特色：

1. 以模拟班级管理的任务形成教材的整体架构

本教材侧重班级管理实践技能的培养，为了体现任务驱动的整体设计思想，设计了一个整体的任务情境，即以一个新手班主任接手一个新班级所面临的具体工作任务来展开：组建班级群体、建设班级组织、建立班级常规、处理偏差行为与偶发事件、管理班级环境、学生作业管理与操行评定、协调人际关系、构建班级文化等。在整体的任务情境的基础上，将大的任务分解成小的任务，使学习者在完成各种实操任务的过程中习得班级管理所需要的重要技能。

2. 采用“OTPAE 五步训练法” 构建每个单元的具体内容

为了将任务驱动这一整体设计落到实处，本教材在每一项具体任务中，参照职业核心能力培养常用的“OTPAE 五步训练法”，即按照“目标（object）”“任务（task）”“准备（prepare）”“行动（action）”“评价（evaluate）”五步来设计教材的内容。

（1）目标：创设任务情境，并对任务的目标作具体解释和说明。呈现训练内容特定的学习目标，使学习者明确要学习的内容，确认学习行动的方向。

（2）任务：是对不同的能力点在实际工作任务中典型状态的描述和意义的呈示。此部分的重点是任务分析，要将一个大的任务进行分解，让学习者对能力点形成基本认知；并对完成该任务的意义进行阐述，让学习者产生学习动力。

（3）准备：是对理解和掌握能力点的“应知”内容的说明和列举。知识是能力形成的基础，掌握完成任务必需的基本知识以及能力形成的基本方法和程序，是提高训练有效性的重要前提。此部分将按照“必需、够用”的原则，只是将完成任务所需要的必备知识加以呈现，对于知识的系统性、完整性并没有严格的要求。

（4）行动：是完成任务，进行技能训练的主体部分和重点环节，其核心是模拟优秀班集体的建设。

（5）评价：是对教学过程中，教师教学效果和学习者学习收获进行评价的一个指引，通过教师、同学的评价和学习者本人的自我监控及时了解学习的效果，获得反馈。

3. 形式新颖的栏目设计

在每个单元中我们都将穿插特色栏目，以突出实务技巧性，增加学习者的感性认识，提高其阅读乐趣，并引发进一步的思考。具体包括：

（1）数字化资源：按照新形态教材的具体要求，以二维码的方式呈现数字化资源。

（2）引导案例：以案例为基础，向学习者展示一个模拟班级从创建到完成各项班级管理任务的过程，它将成为学习者可参考的示范性案例。

（3）学思结合：通过班级管理案例，阐述一线教师在处理班级管理问题时的经验与具体做法，并针对重要知识点提出问题，引导学习者思考解决办法。

此外，每个单元结尾有本单元小结、活动体验、反思与探究、推荐阅读等栏目，引导学习者反思探究，方便学习者归纳、整理、积累。

本教材的编写团队由浙江师范大学教育学院专任教师及浙江师范大学附属丁蕙实验小学的教育管理者和一线班主任组成。他们在各自的领域均有着深入的研究和丰富的实践经验，从而保证了教材的编写质量。

本教材由刘迎春、徐长江、沈建华负责组织编写和统稿，杨燕燕、钟晨音协助统稿。具体分工是：单元一（刘迎春、徐长江）、单元二（江珊、沈建华）、单元三（李方园、杨燕燕）、单元四（於文赞、钟晨音）、单元五（陈思思、胡鹰翔）、单元六（罗燕、刘迎春）、单元七（程红秀、沈建华）、单元八（蒋莎、杨燕燕）、单元九（王佳慧、钟晨音）。本教材的微课由刘迎春、杨燕燕、沈建华负责统筹安排，由江珊、李方园、於文赞、陈思思、罗燕、程红秀、蒋莎、王佳慧八位老师完成设计和录制。

浙江师范大学教务处、浙江师范大学教育学院、浙江师范大学附属丁蕙实验小学对本教材的编写给予了大力支持，高等教育出版社教师教育出版事业部对本教材的编写给予了精心的指导，在此一并致谢。

由于编者水平有限，书中难免有疏漏之处，敬请读者批评指正。

编者

2023年10月

目　录

单元一

构建核心理念

【学习目标】

通过本单元的学习与训练，你能够：

1. 掌握马克思主义关于人的全面发展的基本理论，深刻理解以人为本的学生观的内涵及其实施要求。

2. 通过自主尝试、学习优秀案例、深入思考等，正确理解归因理论和自我效能感理论，并能用所学理论分析和解决班级管理中出现的具体问题。

核心理念一 生本管理

引导案例

王维克发现数学天才华罗庚①

华罗庚进入中学后，因为顽皮，字写得不好，时常受到语文教师的批评，但是数学教师王维克却对他另眼相看。一次，金坛中学的几位教师在一起闲谈，一位语文教师说："成绩好的学生都到省城里念书去了，剩下来的都不行！"王维克听后立即反驳道："不见得吧，依我看，华罗庚同学就很不错！""哼，华罗庚！就凭他写的那字，也谈得上前程远大？""华罗庚的字写得确实不好，将来成为书法家的可能性很小，但是，他在数学方面却天赋很好，很有前途。""何以见得呢？维克兄。""起初，我和诸位观察到的一样，也发现他的字写得歪歪扭扭、很潦草。数学作业本也很不整洁，常常乱涂乱改；后来经过一番仔细研究发现，许多涂改的地方正反映了他在解题时探索的多种路子。"王维克不仅发现了华罗庚的数学天分，而且经常有意地培养他。王维克本人博学多才，家里藏书丰富，华罗庚成为他家的常客。华罗庚或是借书，或是请教问题，每次都受到王维克的热情款待和耐心的指点。在恩师的教导下，华罗庚渐渐改掉了贪玩的缺点，专心钻研数学问题。到年终考试时，王维克对他说："你不必考了，因为考你的问题别人做不出，考别人的问题不值得你做，我给你拟一个论文题目，你回家去做吧。你的数学终归是一百分，终归是第一。"

在王维克老师的鼓励和帮助下，华罗庚在数学王国里努力探索，课堂知识已不能满足他的需求。有一次，王维克借

① 李贤哲．华罗庚的老师王维克［N］．人民政协报，2011-01-13（5）．引用时有修改。

给他一本美国学者著的微积分教材，华罗庚拿去十天后便来归还，王维克对他说："数学这门功课是最有步骤的，你不可跳着看啊，我提几个问题问问你。"结果华罗庚不仅对答如流，而且把书上印错之处也指给老师看。有一天，华罗庚来找王维克，将自己的一篇油印论文《福尔玛最后定理之证明》交给王维克，并得意地说："我已经寄给各个大学请批评，亦请王先生批评！"王维克看了论文严肃地说："福尔玛提出的定理要得到最后的证明，不是一件轻而易举的事，……你演算的这道福尔玛最后定理，是17世纪以来许多大数学家绞尽脑汁至今还没有解决的问题，要是你能如此简单地证明之，岂非奇迹！然而，你的证明所依据的公理似是而非，所以不能成立！"最后，王维克语重心长地对华罗庚说："我希望你不要急于求成，更不要灰心，要有坚韧不拔的精神，用你的智慧和汗水去铸造钥匙，争取有朝一日把这些锁打开！"在这次长谈中，王维克劝华罗庚专门深入钻研数论，华罗庚听从恩师的教导，从此和数论结下了不解之缘。

对于上面的案例，您从王维克老师身上学到了哪些对待学生的态度与行为？

2019年2月，中共中央、国务院印发了《中国教育现代化2035》，拉开了我国加快推进教育现代化的序幕，也为加快各层级教育管理的现代化指明了前进方向。教育现代化体现在管理之中，不仅是理念的现代化、管理的现代化，更是面向人人的教育治理的现代化。在变革的过程中，教育关注每位学生的发展，这也就决定了在教育过程中需要重视"以人为本"，使人可以得到协调而全面的发展。就班级管理者而言，需要将学生提出的需求放在首要位置，所有的工作都以学生发展为根本，打造出平等对话、民主协商的管理氛围，让学生能够真正成为班级的主人。

一、马克思主义关于人的全面发展学说

马克思主义关于人的全面发展学说，是马克思、恩格斯在政治经济学的研究中考察社会物质生产与人的全面发展关系时所提出的关于人的发展问题的基本原理，是马克思主义教育思想的重要组成部分。

（一）"人的全面发展"的内涵

马克思从分析现实的人和现实的生产关系入手，指出人的全面发展的条件、手段和途径。人的全面发展有其基本内涵。马克思指出，人的全面发展是"人以一种全面的方式，就是说，作为一个完整的人，占有自己的全面的

本质”①。它包含人的体力、智力及思想道德等方面的全面发展；包含人在社会众多领域的才能及其创造；也包含在既定的历史条件下，人的个性的自由发展和如愿从事各种社会活动。当然，这得以不妨碍其他人的自由全面发展为前提。

马克思主义关于人的全面发展学说的基本理论有以下要点：

（1）人的全面发展是与人的片面发展相对而言的，全面发展的人是精神和身体、个体性和社会性都得到普遍、充分而自由发展的人。

（2）人朝什么方向发展，怎样发展，发展到什么程度取决于社会条件。

（3）从历史发展的进程来看，人的发展受到社会分工的制约。

（4）现代大工业生产的高度发展必将对人类提出全面发展的要求，并提供全面发展的可能性。

（5）马克思预言，人类的全面发展只有在共产主义社会才能得以实现。

（6）教育与生产劳动相结合是实现人的全面发展的唯一方法。

总体来说，马克思主义关于人的全面发展学说，其基本思想是：人的发展是与社会生产发展相一致的。旧式劳动分工造成人的片面发展，而大工业机器生产对人的全面发展提出了要求，并为人的全面发展提供了物质基础。实现人的全面发展的根本途径是教育同生产劳动相结合。

（二）马克思主义关于人的全面发展学说对我国教育目的确定的意义

马克思主义关于人的全面发展学说确立了科学的人的发展观，指出了人的全面发展的历史必然，对我国教育目的的确定具有重要的理论指导意义。

一方面，马克思主义关于人的全面发展学说为我们科学地认识人的全面发展提供了新的方法论指导。“人的全面发展”是在人类社会发展过程中逐步形成并发展起来的。关于人的全面发展问题，在马克思主义产生以前，亚里士多德、夸美纽斯、卢梭、裴斯泰洛齐等都曾提出过应使人的体力、智力和道德等各方面和谐发展的问题。但是他们的论述都是脱离社会生产和生活的，只是从“神的意志”或“人的本性”出发来说明和解释人的发展。到了19世纪，空想社会主义者欧文等人也提出要培养“全面发展的人”，但没有从根本上说清人的发展与社会物质生产、生活条件的关系。马克思主义为考察和说明人的发展提供了新的科学的方法论，要求在规定人的发展时，不能脱离具体的历史条件。人的发展“既和他们生产什么一致，又和他们怎样生产一致。因而，个人是什么样的，这取决于他们进行生产的物质条件”②。用这种科学的人的发展观作指导，有助于我们深刻理解人的发展的社会必要性和社会制约性，在确立和实现教育目的中把人的发展与社会的发展很好地结合起来。

另一方面，马克思主义关于人的全面发展学说指出了人的全面发展的历史必然性，为社会主义人才培养指明了方向。恩格斯指出：“教育可使年轻人很快就能够熟悉整个生产系统，它可使他们根据社会需要或他们自己的爱好，轮流

① 马克思. 1844年经济学哲学手稿［M］. 北京：人民出版社，2018：81.

② 马克思，恩格斯. 马克思恩格斯全集：第3卷［M］. 北京：人民出版社，1960：24.

从一个生产部门转到另一个生产部门。因此，教育就会使他们摆脱现代这种分工为每个人造成的片面性。”① 马克思在《资本论》中指出，生产劳动和智育、体育相结合的教育方法是培养全面发展的人的有效方法。从英国工厂法“把初等教育宣布为劳动的强制性条件”的效果来看，它“第一次证明了智育和体育同体力劳动相结合的可能性”。② 马克思、恩格斯所强调的生产劳动，指的是“真正自由的劳动”，即具有社会性、科学性和一般性（普遍性）的劳动。这种生产劳动给每一个人提供全面发展和表现自己全部的体力和脑力的机会，是解放人的手段。而教育则指的是真正民主和全面的教育，是弥补旧的分工所造成人的局限性的教育，这样的生产劳动同这样的教育相结合自然是个人全面发展的必由之路。

马克思主义关于人的全面发展学说为我国制定社会主义教育目的提供了科学的价值观和正确认识、处理社会与个人发展关系的方法论。马克思主义关于人的全面发展学说揭示了人的全面发展的历史必然性，有助于我国社会主义教育在人才培养中坚持全面发展的方向，丰富培养人的素质，更好地推动我国的现代化建设。《中华人民共和国教育法》明确规定我国的教育目的为：“教育必须为社会主义现代化建设服务、为人民服务，必须与生产劳动和社会实践相结合，培养德智体美劳全面发展的社会主义建设者和接班人。”党的二十大报告再次强调：“全面贯彻党的教育方针，落实立德树人根本任务，培养德智体美劳全面发展的社会主义建设者和接班人。”从中可以看出，我国始终坚持全面发展的方向，始终强调教育与生产劳动和社会实践相结合的方针。这就是落实马克思主义关于人的全面发展学说的体现。

进入 21 世纪以后，党和国家重新审视人类自身发展的环境和条件，对人的全面发展原理中国化问题进行深刻的反思。“人的全面发展”思想是确立正确学生观的基础。

二、以人为本的学生观

所谓学生观，是指教师对学生的基本认识和根本态度，它直接影响教育活动的目的、方式和效果。坚持以人为本，树立全面、协调、可持续的发展观，促进经济社会和人的全面发展。这是我们党在完善市场经济和全面建成小康社会进程中确立的科学发展观。坚持以人为本，促进人的全面发展是落实科学发展观的本质要求和核心内容，也是马克思主义教育理论的精髓，更是现代教育确立的科学的学生观。人的全面发展思想和以人为本思想对现代学生观的形成有着更为根本的意义和价值，对新时代的教育理想和一线的教育行动均产生了广泛而深远的影响。

教师要践行“以学生为本”的基本理念。要做到尊重中小学生权益，以中小学生为主体，充分调动和发挥中小学生的主动性；遵循中小学生身心发展特

① 马克思，恩格斯．马克思恩格斯选集：第 1 卷［M］．北京：人民出版社，1972：223.

② 马克思，恩格斯．马克思恩格斯全集：第 42 卷［M］．北京：人民出版社，2016：499-500.

点和教育教学规律，提供适合的教育，促进中小学生生动活泼学习、健康快乐成长，全面而有个性地发展。

班级是学生成长的重要园地。班级管理者在管理时要始终坚持以人为本的教育理念，坚持以学生为中心，尊重学生，充分调动学生的主动性、积极性，培养学生的主人翁意识，使学生真正成为班级的主人，促进学生的全面发展，让学生实现自我教育、自我管理、自我发展。

（一）以人为本的内涵

什么是以人为本？要弄清楚这个问题，首先要认识到，这里提到的“人”是受教育的对象，即学生，其本质属性是什么。正确认识学生的本质属性，才能真正有效地促进学生发展。

1. 学生是身心发展迅速的人

学生时期是人的心理发育和形成的关键时期，是一个从不成熟到基本成熟、从不定型到基本定型的成长发育时期，也是一个人生长发育特别旺盛的时期，其身心的各方面都潜藏着极大的发展可能性。学生在身心发展过程中所展现出的各种特征都还处在变化中，品德、观念和行为习惯都在形成中，他们容易受到正面教育，同时也容易受到不良影响，具有极大的可塑性。

2. 学生是学习的主体，是具有能动性的教育对象

学生是受教育的对象，这是由学校的使命和在教育教学过程中教师与学生的关系决定的。与环境对个体自发的、零碎的、偶然的影响相比，学校教育对学生的成长起着主导作用。但学生在教育过程中并不是完全盲从教师的教育，而是具有主观能动性和自我教育的可能性。

3. 学生具有自身的独特性

每个人的遗传素质、社会环境、家庭条件和生活经历都各不相同，学生作为一个生命体，是以具体的、独特的面貌存在于这个世界的，有自己的天赋、尊严、兴趣、爱好，有自己独特的气质和鲜活的个性。

4. 学生是一个完整的人

学生是一个完整的人，不是单纯抽象的学习者，而是有着丰富个性的完整的人。在教育活动中，学生作为完整的人，不仅具备全部的智慧和人格力量，而且体验着全部的教育生活。班级管理者要把学生作为完整的人来对待，就必须反对那种割裂人的完整性的做法，还学生完整的生活世界，丰富学生的精神生活，给予学生全面发展个性和能力的时间与空间。

综上所述，所谓“以人为本”，其基本含义就是：它是一种对人的主体作用与地位的肯定；它是一种价值取向，强调尊重人、解放人、依靠人和为了人；它是一种思维方式，就是在分析和解决一切问题时，既要坚持历史，也要坚持人的主体地位。以人为本的学生观，即以学生的发展为核心，承认学生是学习的主体，相信每个学生都有潜力，认同学生是完整的个体，充分尊重、关心、理解每个学生，根据学生的不同特点，教育和引导学生学习、生活，帮助他们健康成长，从而为他们一生的发展奠定坚实的基础。

（二）坚持以人为本，促进学生全面发展

1. 用全面的眼光看待学生的发展

用全面的眼光看待学生的发展，就不能孤立地、片面地只强调某方面的发展，而要强调学生整体的和谐发展。在教育实践中，班级管理者要善于发现每个学生的特点，重视对后进生、特困生的关怀；要杜绝只重智育而忽视德育、体育、美育、劳育的片面做法；要充分尊重学生的主体地位，在组织教育、教学活动时，要尊重学生的感受，调动学生学习的积极性和能动性，鼓励学生的创造性。

2. 公平公正地对待学生

尊重学生的独立人格，维护学生合法权益，平等地对待每一个学生。不因性别、民族、地域、经济状况、家庭背景和身心缺陷等歧视学生，不讽刺、挖苦学生，不体罚或变相体罚学生。这就要求教师做到以下四点：

（1）自觉学习，提高修养

对人对己的公正要求教师首先要有宽阔的胸怀和高度的使命感，同时还必须有一定的自制力和抵制压力、坚持公正的勇气，有较高的教育技能素养。这些都需要通过不断学习来获得和提高。

（2）平等地对待学生

一方面，教师要树立正确的师生观，平等地与学生进行沟通交流。教师要明确，教与学的关系既是一种制度性的授受关系，也是一种人格上完全平等的人际关系。

另一方面，教师要爱无差等，一视同仁。教师不能仅凭自己的好恶来处理师生关系，应当给所有学生提供平等的学习机会。一个较为常见的现象是，教师往往有意无意地偏爱学习成绩好的学生，而相对忽视学习成绩差的学生。实际上，成绩差的学生更需要教师的关怀和帮助。正如赞可夫的名言："漂亮的孩子人人喜欢，而爱难看的孩子才是真正的爱。"

（3）实事求是，赏罚得当

教育惩戒是指学校、教师基于教育目的，对违规违纪学生进行管理、训导或者以规定方式予以矫治，促使学生引以为戒、认识和改正错误的教育行为。现代教育的一大难题是如何认识惩罚的教育性。许多人抽象地反对惩罚，尤其是"体罚"，理由是损害学生的身心健康。实际上除了较为严重的惩罚有悖于教育活动的性质和范围之外，一定情况下对学生的惩罚，与奖励一样是有利于他们的成长而不是相反的。问题的关键在于处罚的程度和性质。所以，学校、教师应当遵循教育规律，依法履行职责，通过积极管教和教育惩戒的实施，及时纠正学生的错误言行，培养学生的规则意识和责任意识。

（4）面向全体，点面结合

面向全体，点面结合涉及教师在个别教学和集体教育中如何做到教育公正。这也是教育机会均等的问题。为了某些后进同学的进步，适当的补课和其他方式的关照是必要的；给一些某些方面特别优秀的学生创造提高的条件，也是公正的。这是因为只有因材施教才不至于耽误每一个学生的发展，是一种爱无差等的实质上的公正。但是超越限度，置大多数学生于不顾的某些所谓"抓重点"

的做法，包括过分强调重点校、重点班、重点苗子的做法是有违教育公正的。

3. 热爱学生，尊重学生

关心爱护全体学生，尊重学生人格，平等、公正地对待学生，要对学生严慈相济，做学生的良师益友。践行以人为本的学生观，具体来说，教师要做到以下三点：

（1）理解学生

尊重学生的个性、爱好、隐私。给他们自由的空间，让他们作出自由的选择。促成学生积极向上的学习态度，并养成学生开朗、乐观对待生活的心态和性格。

（2）关爱和信任学生

从德、智、体、美、劳各方面关注学生的发展，关爱学生。重视学生身心健康发展，保护学生生命安全。信任学生，积极创造条件，促进学生的自主发展和全面发展。

（3）爱而不溺，严而有格

没有严格的要求就没有真正的教育，“教不严，师之惰”，要把严格要求和对学生的热爱结合起来。

4. 因材施教，促进学生的个性发展

以人为本的学生观要求教师从学生的实际情况、个别差异出发，有的放矢地进行有差别的教育教学，使每个学生都能获得最佳的发展。具体来说，教师要做到以下三点：

（1）深入了解学生的个性特点和内心世界

尊重个体差异，主动了解和满足每个学生的需要。这是因材施教、贯彻以人为本的学生观的前提和基础。

（2）根据学生个人特点和年龄特征有的放矢地进行教育

在各个发展阶段，学生的身心发展各有特点，并且同一年龄阶段的不同个体的发展也有其特殊性，教育应因时而异、因人而异。

（3）寓“以人为本”于丰富多彩的活动中

活动是树立和落实以人为本的学生观的有效载体。活动既要形式多样，又要生动活泼；既要有娱乐性，又要有学术性；既要有时代性，又要有开创性。可以开展学科色彩浓厚的活动，鼓励学生参加各类学科竞赛，提高学生的学习兴趣，营造良好的学习氛围；可以开展各种娱乐性活动，如集体舞、演讲比赛、时政知识竞赛、科技节、校园文化艺术节等，丰富学生生活；可以成立各种学生社团，让学生在组织和参与活动中实现自我管理、自我提高，促进学生个性发展。

5. 树立全心全意为学生发展服务的意识

以人为本的学生观强调教育以服务学生发展为前提，为每个人的全面发展服务，为发掘每个人的潜能和创造力服务。为此，教育应该了解学生心理的变化和认知特点，为学生的终身成长提供最好的、最优质的条件。教师要做到以下四个方面：一是服务于学生的身心发展，提高学生的身心素质。二是服务于学生的学业发展，提高学生的知识理论水平，使学生掌握一定的技能。三是服务于学生的生活，创设优良的学习环境。四是服务于学生的终身发展，使教育成为促进学生可持续发展的手段，增强学生面向未来的适应能力。

学思结合

周末我带学生去郊游，在一片野花丛中，同学们纷纷谈论着自己喜欢的花。这时，全校闻名的“调皮大王”小强大声说：“老师，我最喜欢的花是荆棘的花。荆棘虽然全身长满了刺，但它的生命力旺盛，而且刺丛中还能开出美丽的花儿呢!”他的话引起了一些同学的质疑。

“你们就看到它的刺了！你们仔细看看人家刺中也有花，也值得我们去喜欢呀!”“调皮大王”小强见到同学们不赞同他，便据理力争。

“刺中也有花”“刺中也有花”！小强的话如一股电流触动了我的神经，赏花与育人不也同样吗?

我激动地走到小强身边，搂着小强的肩膀对同学们说：“小强说得有道理，荆棘虽然浑身是刺，但是它刺中也有美丽的花，我们不能只看到它的刺，而看不到它的花呀。我们对待其他同学也应像赏花一样，特别是对缺点多一些的同学，更应该看到他身上闪光点。‘花’有千万种，各有优缺点，你们说对不对!”说着，我拍了拍小强的肩膀。我的话赢得了一片掌声，小强也不好意思地低下了头。

活动结束后，我专门找小强一起分析了他自身存在的问题及产生的原因，鼓励他改掉缺点，同时安排班里几名学生与小强组成互帮小组。渐渐地，小强改正了自身的缺点，摘掉了“调皮大王”的“帽子”。

问题：请结合材料，从学生观的角度，评析“我”的教育行为。

核心理念二 以激励为主

引导案例

皮格马利翁效应

皮格马利翁效应，又称罗森塔尔效应或期待效应，它是心理学家罗森塔尔等人在实验中发现的。

皮格马利翁是希腊神话中的塞浦路斯国王，他善于雕刻。他把全部的热情和希望都放在自己雕刻的少女雕像身上，后来竟使这座雕像活了起来。

罗森塔尔等人从一所小学的一年级到六年级中，每个年级各抽出三个班级进行所谓的未来发展测验。之后，他们随机抽取一些学生的测验结果，然后告诉各任课教师这些学生将会表现出明显进步。（其实这些学生完全是实验者们随机抽样的，但任课教师不知道。）八个月后，再进行测验，发现这些学生的成绩确实进步了。教师在关于学生品行的评定中也给了这些学生积极的评定。除任课教师外，这些学生的名单并未向任何其他人透露，所以实验者认为这个结果是任课教师对这些学生的期待导致的。罗森塔尔借用希腊神话中出现的主人公的名字，把这种现象命名为皮格马利翁效应。这种现象说明教师的期待不同，对学生施加影响的方法也不同，学生受到的影响也不同。

皮格马利翁效应给我们这样一个启示：赞美、信任和期待具有一种能量，它能改变人的行为，当一个人获得另一个人的信任、赞美时，他便感觉获得一种积极向上的动力，获得了社会支持，为了避免对方失望，他会尽力达到对方的期待，以维持这种社会支持的连续性，从而增强了自我价值，变得自信、自尊。

激励有激发鼓励之意，是指持续地激发学生的动机和内在动力，使其心理过程始终保持激奋的状态，为实现所追求的目标而努力。也就是说，激励在本质上就是激发、鼓励和调动人的积极性的过程。激励好似催化剂，它使优秀者更为完善，使自卑者自强，使盲目者清醒，使整个班级进取向上、团结进步。激励是一门科学，同时也是一门艺术。教师在班级管理过程中，一方面，要认识到激励的重要意义和价值；另一方面，也要正确理解主要的激励理论，通晓其产生作用的原理与机制，这样在激励方式的具体运用中才能产生举重若轻、事半功倍的效果。

一、激励的作用

一般来说激励在班级管理实践中具有以下三个作用：

（1）激励有利于调动学生的积极性和创造性。这是激励的核心作用。它主要通过动机的激发，调动学习者学习的积极性和创造性，使他们始终保持高昂的学习热情，自觉自愿地为实现所追求的目标而努力。

（2）激励有利于发挥学生的能动性。激励是班级管理的基本要求，其最显著的特点就是内在驱动性与自觉自愿性。由于激励起源于人的需要，它的功能就在于以个人利益和需要的满足为基本作用力，是学生追求个人需要满足的过程。因此，激励不仅可以提高学生对自身学习的认识，还能激发学生的学习热情和兴趣，使学生对学习产生强烈的积极的情感，并以此为动力，投入自己全部精力为达到预定的目标而努力。激励有利于充分发挥学生的能动性，进而提高学生的学习效率。

（3）激励有利于增强班级的凝聚力。班级是由若干学生个体及学生群体组成的，为保证班级整体的协调运行，除了用严密的组织结构和严格的规章制度规范学生的行为外，还要通过激励来满足学生的心理需求，调动学生学习的积极性，协调人际关系，进而促进班级内部各组成部分的协调统一，增强班级的凝聚力和向心力。

二、主要的激励理论

激励理论，即研究如何调动人的积极性的理论。自 20 世纪二三十年代以来，国外许多管理学家、心理学家和社会学家结合现代管理的实践，提出了许多激励理论。早期的激励理论研究主要是对“需要”的研究，回答了以什么为基础或根据什么才能激发调动起员工工作积极性的问题，包括马斯洛的需要层次论、赫茨伯格的双因素理论等。最具代表性的马斯洛需要层次论就提出人类的需要是有等级层次的，从最低级的需要逐级向最高级的需要发展。马斯洛把人的各种需要分为生理需要、安全需要、归属与爱的需要、尊重需要、认知需要、审美需要、自我实现需要七个层次，认为人们按照需要层次追求满足。因而班级管理者根据需要设置目标即可起到激励作用。双因素论者赫茨伯格把影响工作态度的因素分为保健因素和激励因素两类。保健因素包括组织政策、管理技术、同事关系、工资待遇、工作环境等，这些因素的改善可消除职工的不满情绪；激励因素是适合个人心理成长，能调动积极性的因素，提高工作效率。

随着对激励的实质进行多方面的探讨，人们提出了不同的观点，从而形成了不同的激励理论，主要有归因理论、自我效能感理论、期望理论和成就动机理论等。以下着重探讨归因理论和自我效能感理论以及它们在班级管理中的应用。

（一）归因理论

归因是指人们对自己或他人的行为进行分析，推论出这些行为的原因的过程。当你在工作和学习中体验到成功或失败时，你一般会怎么评价自己的成功或失败呢？你把自己的成功归因于自己的能力还是幸运呢？你把失败归因于自己努力不够还是任务太难呢？一般来说，人会把成功或失败的原因归结为内部原因和外部原因两种。

1958 年，海德提出了归因理论，他认为人有两种强烈的动机：一是形成对周围环境一贯性理解的需要，即内因，比如情绪、态度、人格、能力等；二是控制环境的需要，即外因，比如外界压力、天气、情境等。一般来说，人在解释他人的行为时，倾向于内在归因；在解释自己的行为时，倾向于外在归因（或称情境归因）。归因方式影响其以后的行为方式和动机的强弱。

1972 年，韦纳在海德归因理论的基础上，系统地提出了自己的归因理论。他认为，个体通常把自己经历过的事情的成败归结为以下六个因素：

（1）能力，个体评估自己是否胜任该项工作。

（2）努力，个体反省在工作过程中是否尽力而为。

（3）任务难度，凭个体经验判定该项任务的困难程度。

（4）运气，个体认为此次成败是否与运气有关。

（5）身心状况，个体工作过程中，身体及心情状况是否影响工作成效。

（6）其他因素，个体认为，除上述五项外，尚有其他影响因素（如别人帮助、评分不公等）。

韦纳进一步按因素源、稳定性、可控性三个维度，分析上述六个因素的性质，如表 1-1 所示。

表 1-1 韦纳归因理论中的六个因素与三个维度

因素	因素源		稳定性		可控性	
	内部	外部	稳定	不稳定	可控	不可控
能力	+		+			+
努力	+			+	+	
任务难度		+	+			+
运气		+		+		+
身心状况	+			+		+
其他因素		+		+		+

（1）因素源，指个体认为影响其成败的因素是来自个人条件（内部因素），还是来自外在环境（外部因素）。在此维度上，能力、努力及身心状况属于内部因素，其他三个因素则属于外部因素。它与自豪和自尊等有关：把成功归因于内部因素可产生高自尊与自豪感，把失败归因于内部因素则易产生低自尊与自卑感。

（2）稳定性，指个体认为影响其成败的因素是否稳定，是否在类似情境下具有一致性。在此维度上，能力和任务难度是稳定的，其他各因素则不稳定。它与焦虑和自信等有关：把失败归因于稳定因素时，会导致焦虑；把失败归因于不稳定因素时，会增强个体的自信。

（3）可控性，指个体认为影响其成败的因素是否能由个人意愿所决定。在此维度上，只有努力是可以凭个人意愿控制的，其他各因素均不可控。它与内疚、惭愧等有关：把失败归因于可控因素，如努力，会使个体感到内疚；归因于不可控因素，如能力，会使个体感到惭愧。

韦纳认为，对成功和失败的解释会对个体以后的行为产生重大的影响。例如，如果把考试失败归因为缺乏能力，那么以后的考试仍然失败也无所谓；如果把考试失败归因为运气不佳，那么就会期望以后的考试成功。

韦纳从个体的归因过程出发，探求个体对成败结果的归因与成就行为的关系，对影响行为结果的可觉察的原因特性、原因结构以及归因和情感的关系、情感反应的激励作用等都提出了创造性的见解。他认为每个人都力求解释自己的行为，分析其行为结果的原因。

学思结合

小美很喜欢唱歌，从小就希望自己在音乐方面有所成就。在她还没有确定是否报考音乐学院前，她在众人面前能很好地展现自己的歌声。在她确定报考音乐学院后，小美学习更加勤奋努力，希望实现自己的目标。但是在音乐学院的专业课面试过程中，由于她极度渴望有完美的表现，结果事与愿违，不但没有发挥出应有的水平，而且比平时更差，导致面试失利。这个结果让大家很诧异，她自己也无法接受。①

问题：假设你是班主任，请运用相关理论谈谈如何帮助小美在下次面试中发挥正常水平。

① 案例来自 2015 年下半年教师资格考试《教育知识与能力》（中学）试题，引用时有修改。

若一个学生长期采用消极的归因方式，总是把失败归因于缺乏能力这样内部的、稳定的、不可控的因素，会使其对未来丧失信心、悲观失望，并最终陷入“习得性无助感”。案例里的小美，对自己的期望较高，她渴望成功，追求完美，因此在面试的时候，过于紧张和焦虑，以至于发挥失常。班主任要指导小美对这次失败进行合理归因，把这次失败归因于不稳定可控的因素，让小美客观地认识到是自己紧张焦虑导致失败的，引导她针对这个原因有计划地调整自己的认知，降低对考试的期望，学会放松，以平常心面对考试。

（二）自我效能感理论

老师交给你一项比较难但是通过你的努力是可以完成的任务，要求你在一周内完成，此时的你会怎么想呢？你是相信自己有能力完成呢，还是觉得自己能力不够呢？是什么让有些人能够走出失败并最终获得成功，而有些人却在挫折面前认了输？心理学家称之为“自我效能感”，这是一些人具备的一种坚定不移的信念、相信自己具备取得成功的要素。自我效能感理论由心理学家班杜拉在20世纪70年代首次提出，已经成为教育界的一个关键理念，也被广泛应用于医疗保健、管理、运动等领域。

1. 自我效能感的概念

班杜拉认为，除了结果期望外，还有一种效能期望。结果期望指的是个体对自己某种行为会导致某一结果的推测。如果个体预测到某一特定行为将会导致特定的结果，就可能激活和选择这一行为。例如，如果学生认为上课注意听讲就会获得他所希望取得的好成绩，他就有可能认真听课。效能期望指的则是个体对自己是否有能力进行某种行为或完成某一任务的推测或判断，即个体对自己行为能力的主观评估。它意味着个体是否确信自己能够成功地进行带来某一结果的行为。当个体确信自己有能力进行某一活动时，就会产生高度的“自我效能感”，并会去进行这一活动。例如，当学生不仅知道注意听课可以带来理想的成绩，而且感到自己有能力听懂教师所讲的内容时，就会认真听课。在获得了相应的知识、技能后，自我效能感就成了行为的决定因素。

学思结合

东东是个说话有些口吃的四年级男孩，经常被同学取笑，他因此变得更加退缩、不敢说话，在学校表现也很被动，学习成绩一直处在中下游。家长向班主任反映东东厌学情绪严重、害怕上学。新来的语文教师黄老师发现，东东的作文写得很不错。黄老师想让几个作文写得好的同学上讲台朗读自己的作文，其中包括东东。在了解到东东的特殊情况后，黄老师决定先找他单独谈话。下面是黄老师和东东的部分谈话内容。

黄老师："东东，老师觉得你这次作文写得不错，想请你上台和同学们分享，好吗？"

东东："老师，我怕……怕出错，同学会笑话我。"

黄老师："你是怕同学会笑话你说话结巴，对吗？"

东东："是的。"

黄老师："但老师觉得说话结巴和分享优秀作文是两回事，老师认真读了你的作文，感觉文笔优美、感情真挚、观察细腻。在文中你不是也表达了希望同学们能知道你的心声吗？这次参加作品朗读，老师相信你一定会成功！"

……

经过老师的一番耐心谈话，东东最后决定接受黄老师的邀请。在黄老师的帮助下，东东朗读时同学们并没有笑话他。后来黄老师经常邀请东东和其他作文写得好的同学一起朗读作文。一年后，东东不仅学习成绩有了很大的进步，语言表达也有了明显改善。

请仔细阅读上面的案例，认真完成下列任务：

（1）结合相关理论，分析黄老师的做法和东东的改变。

（2）结合材料，分析教师培养和激发学生学习动机的策略。

2. 自我效能感的功能

班杜拉等人的研究还指出，自我效能感具有下述功能：① 决定人们对活动的选择及对该活动的坚持性；② 影响人们对待困难的态度；③ 影响新行为的获得和习得行为的表现；④ 影响活动时的情绪。

3. 影响自我效能感形成的因素

（1）成败经验。这个因素对自我效能感的影响最大。一般来说，成功经验会提高自我效能感，反复的失败会降低自我效能感。但成败经验对自我效能感的影响还要受个体归因方式的左右：如果把成功归因于运气等外部的不可控的因素就不会增强自我效能感，把失败归因于能力等内部的可控的因素就不一定会降低自我效能感。因此，归因方式直接影响自我效能感的形成。

（2）替代经验或模仿。通过观察他人而获得的替代经验对自我效能感的形成也具有重要的影响。这里要强调观察者与榜样的一致性，即榜样的情况与观察者非常相似。

（3）言语劝说。言语劝说因简便、有效而得到广泛应用。言语劝说的价值取决于它是否切合实际，缺乏事实基础的劝说对自我效能感的影响不大，在直接经验或替代性经验基础上进行劝说的效果会更好。

（4）情绪唤醒。班杜拉在“去敏感性”的研究中发现，高水平的情绪唤醒使成绩降低而影响自我效能感。当人们不为厌恶刺激所困扰时更能期望成功，个体在面临某项活动任务时强烈的身心反应、激动情绪通常会妨碍其行为表现而降低其自我效能感。

（5）情境条件。不同的情境提供给人们的信息是大不一样的。某些情境比其他情境更难以适应和控制。当一个人进入陌生而又易引起焦虑的情境中时，其自我效能感水平就会降低。

上述几种因素对自我效能感的作用取决于人们对其是如何认知和评价的。人们必须对与能力有关的因素和非能力因素对成败的作用加以权衡。人们觉察到效能的程度取决于任务的难度、付出努力的程度、接受外界支持的多少、取得成绩的情境条件以及成败的暂时模式。班杜拉的社会学习理论认为，这些因素作为效能信息的载体影响成绩，主要是通过自我效能感的中介作用发生的。自我效能感的高低与个体的经验、受教育水平有关，个体可以通过努力学习技能，多增加正向经验，接受自己的缺点，学会自我欣赏与自我激励等来提高自我效能感。

4. 自我效能感理论在班级管理中的运用

正如班杜拉所指出的那样，学校是学生自我效能感形成、发展和变化的一个重要场所。除了学生自身的学习经验影响其自我效能感之外，他们与同伴、教师的交往经验以及与之有关的教学实践都影响其自我效能感。正因为如此，作为班级直接的教育者、组织者和领导者的班主任，必须结合学生的特点，在自我效能感方面寻找班级管理工作的切入点。教师在班级管理工作中要善于培养学生的自我效能感。具体做法如下：

（1）重视学生的自我强化，提高学生的自我效能感

自我强化对调节人的行为很重要，它是人自我奖赏、激励或维持自己达到某个标准的行为过程。当学生达到自己的标准时会提高自我效能感；反之，会对自己的行为能力丧失信心。这就要求教师帮助学生建立合适的标准，标准过高容易使学生遭受失败、挫折，标准过低则不利于激发学生进一步努力的热情。在班级建立适当的外在奖励机制，如个人学习进步奖，对于学习进步明显的学生，要给予相应的奖励，促使学生形成良好的自我效能感，发挥自己的内在动力，充分建立起学习的信心。教师也要注意班级评价标准的多维性，组织各类实践活动，让学生在各种活动中发掘自己的闪光点，提升自我效能感。鉴于学生之间存在互相比较的现象，教师应该掌握学生的心理特点，引导学生进行正面的、积极的比较，避开负面的、消极的比较。教会学生进行自我（纵向）的比较，使学生看到自己的进步。同时，教师还应引导学生与他人进行横向比较：当学生失败时，教师应提醒他们看与之能力相似的同学并给予鼓励；当学生成功时，教师要鞭策他们向更优秀的同学学习，做到见贤思齐。

（2）给予学生正确的评价、合理的期望

因为外界评价和期望是影响学生自我效能感的因素，尤其是教师的期望与评价对学生的影响很大。教师的期望效应（即罗森塔尔效应，又称皮格马利翁效应），对教育者的工作给予了重要的启示。期望效应的相关研究告诉我们，当教师对学生所要达到的心理、智力、知识、能力、行为状况或变化有着某种预先设定时，教师的这种内在主观倾向性往往反映在其外在行为上，从而对学生的自我概念和学业成绩产生影响。因此，教师应该结合学生的身心发展特点，善于运用期望、评价，以促进学生的身心发展。如果学生的自我效能感低，作为班主任，首先要根据学生的实际情况，降低评价标准，不能把标准定得过高、过难，要立足实际，逐渐提升学生的自我效能感；其次，要合理期待，既不能期待过高，也不能无所期待，要多鼓励、多肯定，循序渐进，及时反馈。

（3）增强学生的自我评价、自主意识

外部力量内化为个人的个性品质，要经过自我概念的中介。因此，教师必须注意培养学生的自我评价及自主意识。例如，培养学生独立思考及分析问题、解决问题的能力，进而达到让其肯定自身的力量、增强自我效能感的目的。此外，还应培养学生的自我剖析、判断、调控能力。唯有如此，学生才能正确看待自己、把握自己，不至于自负或自卑，实现真正的自主。

总之，自我效能感理论的提出为教育理论和实践提供了许多可以借鉴的研究成果。在班级管理过程中，班主任要根据自我效能感理论，根据班级的实际情况和学生的个性差异，有的放矢地采取相应的措施，提高学生的自我效能感，从而培养合格的社会主义建设者和接班人。

学思结合

晓雯是一个品学兼优的中学生，教师与同学都很喜欢她。但当她需要进行选择与决策时，她总是拿不定主意，常常处于矛盾中。例如，有同学建议晓雯竞选班长，她也有此想法，但又担心班级事务繁多影响自己的学习；学校举行数学竞赛，她渴望参加，却又担心无法完成教师交给她的创建班级环境规划的任务；在日常生活中，晓雯也常常为参加集体活动还是温习功课拿不定主意；在专业选择上，她既想成为一名音乐家，又想成为一名心理学家。①

问题：请运用相关理论解释晓雯所面临的问题。假如你是晓雯的班主任，你会如何帮助她？

本单元小结

“以人为本”的学生观，即以学生的发展为核心，承认学生是学习的主体，相信每个学生都有潜力，认同学生是完整的个体，充分尊重、关心、理解每个学生，根据学生的不同特点，教育和引导学生学习、生活，帮助他们健康成长，从而为他们一生的发展奠定坚实的基础。

激励是激发人的动机，诱导人的行为，使其发挥内在的潜力，为实现所追求目标而努力的过程。激励不仅有利于调动学生的积极性和创造性，而且有利

① 案例来自2016年上半年教师资格考试《教育知识与能力》（中学）试题，引用时有修改。

于发挥学生的能动作用，还有利于增强班级的凝聚力。激励理论，即研究如何调动人的积极性的理论，本单元主要探讨了归因理论和自我效能感理论。

活动体验

使用自我效能感量表，对一所中学或小学的学生进行测量，了解当前我国中学生或小学生“自我效能感”的现状并提出指导策略。

反思与探究

1. 结合案例，回答后面的问题。

上地理课时，陈老师发现课代表王超（化名）心不在焉，不耐烦地把书本翻得哗啦哗啦响。陈老师本想用提问“警告”他一下，没想到一连十几个问题都没有难住他。陈老师增加了提问的难度，涉及尚未学到的课本内容和课外知识，可王超还是能流畅地回答出来。

于是，陈老师有了一个大胆的想法：能否让王超不随堂上地理课，让他自己去查阅资料，研究问题，学习更多的地理知识。这个想法得到了学校的支持，王超免修了地理课。从此，每当上地理课时，学校图书馆里便多了一位小读者，他自己查阅地理资料，研究感兴趣的问题。而陈老师的工作任务，不但没有因为王超免修地理课而减轻，反而更重了。陈老师不仅要完成日常教学任务，还要给王超提供相应的指导，解答他提出的各种问题，教他撰写小论文。

一个学期下来，王超的小论文《植被保护与资源开发》获得全国中学生小论文评比优胜奖。

问题：请从“以人为本”的学生观的角度评析陈老师的教育行为。

2. 结合案例，回答后面的问题。

作为初二的班主任，我总为一些学生担心，尤其是张强（化名）同学。他正处于一个关键期，对于是否还继续留在学校读书正进行着思想斗争。张强是一个内向的学生，在家中排行老三，他的父母和哥哥、姐姐都没有读完中学，他的家庭对他读书没有提供什么帮助。目前，张强的主要问题是经常旷课，这导致他在最近一次期中考试中有两门课没考及格。当我找他谈话时，他告诉我他在小学四年级的时候学习就遇到了麻烦，而且感到很无助。他开始觉得自己不聪明，而且越这样认为就越不愿意努力，因为既然不行为什么还要努力呢？由于不努力，他的成绩越来越落后，这使得老师也认为他不聪明，并把他作为后进生来对待，如给他布置简单的学习任务，或者最后干脆把他编到其他班去。于是，他开始不来学校了。而当时的班主任除了把他不上学的事情告诉他的家长外，什么努力也没有做。他曾经回到学校一段时间，那只是因为不想让班主任再找他家长的麻烦，之后他就经常不来学校了。我问他，如果辍学了他会做什么。他说，他的哥哥、姐姐都辍学了，都找到了工作，哥哥做建筑工，姐姐在宾馆做服务员，他们有钱花，而且没有人会因为他们没有完成中学学业而刁难他们。他也想去工作，他想买一辆汽车四处游玩。他认为，以前别人所说的辍学可能会带来许多糟糕的事情，其实都是在撒谎，学校无法帮助他得到他想要的东西，他在学校只是浪费时间。

问题：

（1）结合激励理论来分析张强同学为什么想辍学。

（2）如果你是张强的班主任，你会如何帮助他？

3. 结合案例，回答后面的问题。

小芹（化名）是初中二年级的女生，她智力正常，人际关系良好，上课和平时作业都比较认真，学习总体成绩在班级处于中等水平。但是小芹自信心有些不足。这次期中考试，她的其他课程考试都发挥正常，只有数学没有及格。她认为，数学没有考好是因为她比别人笨，即使她再努力，也是学不好数学的。

问题：

（1）根据韦纳的归因理论，分析小芹对自己数学期中考试失利的归因。

（2）小芹的归因对她以后的数学学习心理会产生什么样的影响？

（3）如果你是小芹的数学老师，你会怎样帮助她正确归因，提高其数学学习的兴趣和成绩？

推荐阅读

1. 德雷克斯，索尔兹. 孩子：挑战［M］. 甄颖，译. 成都：天地出版社，2020.

2. 德雷克斯. 教师：挑战［M］. 甄颖，译. 北京：生活书店出版有限公司，2017.

单元二

组建班级群体

【学习目标】

通过本单元的学习与训练，你能够：

1. 了解座位安排的基本方法与基本原则，根据班级情况制定座位轮换制度。

2. 根据学生需求与班级情况合理进行座位轮换与调整。

3. 在了解破冰行动的基础上，开展丰富多样的破冰行动，营造良好班级氛围，形成凝聚力。

任务一 安排与轮换座位

目标

1. 通过调查、查阅、交流等方式，了解座位安排的基本方法和需要考虑的因素，掌握座位安排的基本原则，能合理制定座位安排的规则制度。

2. 通过自主尝试、学习优秀案例、深入思考等，能够按照基本步骤了解学生是否需要调换座位，并能掌握座位调换的基本环节，做到既能满足学生的需求，又能合理配置座位资源。

引导案例

供不应求

班级的座位属于学生在教室的一方天地，是临时性的“私宅”，这个座位被安排在哪里，和谁一起“搭伙”，学生和家长都非常在乎。能让家长主动跟班主任联系的事情，除了学习，除了受伤，就是座位的安排了。

小凡（化名），10 岁，男，四年级，是班级中个子比较高的同学，在开学初被新接班的老师安排在第六排的座位。小凡在课堂上并没有表现出异样，但是不久后，小凡的爸爸打电话给班主任陈老师，想请陈老师帮忙给小凡调换一下座位。并告知陈老师，孩子因为散光的原因，坐在现在的座位上看不清黑板上的内容。

出于这样的客观原因，陈老师将小凡调至第四排。考虑到小凡的身高，实在不适合再往前调。但是，又过了一段时间，小凡的爸爸再次联系陈老师，说部分学科常用投影仪，字体太小，孩子上课看屏幕仍旧存在困难。并且强调，最近几年小凡坚持定期去医院检查视力，医生建议不要佩戴眼镜，提出让小凡自我矫正，目前情况一直保持良好，所以希望能继续用不佩戴眼镜的方式，让视力自我修复。希望老师能将小凡调到第二或第三排的座位，最好是位于教室中间的座位，这样有助于他调整自己的视力。

中小学生视力下降的第一个高峰期就在四年级。有限的教室、有限的座位无法满足所有家长、所有学生的需求与要求，座位存在“供不应求”的现象。陈老师简单询问了一些学生，大家都不想坐到班级后面的座位，陈老师只能在家长面前搪塞过去，小凡同学就在这样模模糊糊中度过了一个学期。

对于以上案例，你认为陈老师在学生座位调换中存在的问题有哪些？可以采取哪些处理方法？

准　备

排座位是一门艺术，这看似是班主任工作中的小问题，实则是不容忽视的大问题。学生座位安排得是否合理，不仅关系到学生主体性的问题，而且直接影响班级的凝聚力和向心力、和谐自主的班级氛围等，对于低年级更是如此。教师在安排座位之前先要做好调查，了解学生的生理（主要是身高、视力）、心理（主要包括个性、兴趣、爱好）以及班级学习氛围等方面的情况。此外，还要把握好座位安排的公平公正原则、群体民主原则、互帮互助原则、定期轮换原则，最后选择合适的座位安排方式，如秧田式、小组式、会议桌式、圆形、马蹄形等。在保障所有学生座位权益的前提下，达到座位资源配置的最优化。

通过下面的行动，运用所学座位安排的相关知识，提高对学生座位合理安排的能力。

行动一　座位安排的主要因素

知识的掌握与否需要通过实践操作来证明，那就开始行动吧！

步骤 1　根据身高，分性别进行排队

座位的安排要考虑的最基本的因素是学生的身高。在班级刚成立时，可以按身高从矮到高的顺序，让男生、女生排两列队伍，可以采用男女组合的方式安排座位。例如，找男生、女生各 2 位，共 4 人组成一个小组；也可以是各 3 位，组成 6 人小组。小学高年级学生和中学生开始进入或者处于青春期，异性之间相处会比较敏感，因此在安排座位时，还要考虑学生的心理发展和情感状态。一般而言，4 人小组的教室里可以安排 9 个小组的座位，可以按照 3×3 的排列方式安排。这样小组式排列的座位就初步形成了。

微课：座位安排（江珊）

步骤2 统筹视力与身高，进行协调

初步安排之后，教师让学生先根据分组落座，再进行微调。用多媒体在屏幕上呈现一些教学内容，文字字号适中，此外也在黑板上书写适中大小的文字，询问学生能否看清。接着便根据个别学生的视力情况进行前后、左右的调整，保证在满足客观条件的前提下为学生安排一个合适的座位。

步骤3 统筹性格与能力，进行调整

在开学之前或开学初期，新教师一般会进行家访活动，对学生的整体情况有一个初步的了解。基于这样的初步了解，教师对学生的性格与能力有一个大致的把控。这样的前置了解对于座位安排也是有帮助的。例如，可以把两个太活泼的同学拉开一定的距离，可以把较为优秀的学生放在小组的中间位置，扩大优秀学生的辐射范围。

行动二 座位安排的基本方式

座位安排的基本方式有：秧田式排列、小组式排列、会议桌式排列、圆形排列、马蹄形排列等。在小学和中学阶段，主要采用秧田式排列和小组式排列。

步骤1 选择合适的座位安排方式

1. 秧田式排列

秧田式排列是课堂教学中最普遍的座位安排方式，如图 2-1 所示。目前，大部分学校采用此种模式，把学生排成一列列、一行行，讲台位于教室的最前方。在这种排列模式下，学生之间相互干扰较少，听课注意力集中，教师也便于观察和控制全班学生的课堂行为，有利于进行系统的教学。但弊端是，容易形成教师居高临下的状态，师生互动具有“教师→学生”的单向性。不但在情感上隔开了教师与学生，也不利于学生之间的交往，使班级教学缺乏真正的集体性。

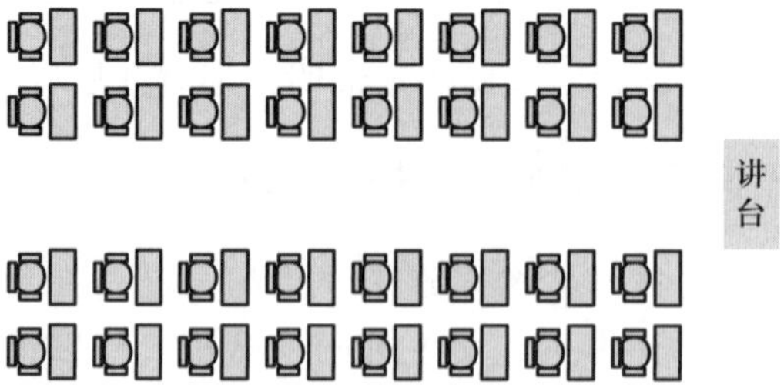

图 2-1 秧田式排列

2. 小组式排列

小组式排列格局比较适合教师主导下的分组合作学习模式，注重互助式、互动式、讨论式的学习，有利于加强学生的主体性，促进小组成员进行相互交

流合作，使小组成为真正意义上的“功能群体”。学生的学习任务由过去的个体化转向个体化与合作化相结合，学生之间由过去的竞争关系转向合作与竞争相结合的关系。但小组学习中，学生围桌而坐，在这种自由的学习空间中，教师对学生的监控很难到位。

小组式排列的座位安排一般以 6 人小组为佳，如图 2-2 所示，在人员的组合上也是有一定的要求的，除了上文提到的一些要素，在学习能力的选择上也要有所考虑。一般 6 人组合中有两位学习能力强的、两位学习能力中等的和两位学习能力较弱的学生，以保证每个小组综合能力上的均衡，也能在小组中形成互帮互助的和谐氛围。

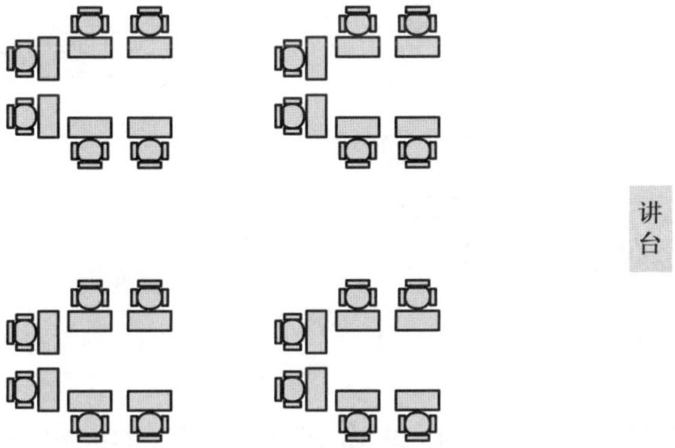

图 2-2 小组式排列

3. 会议桌式排列

学生们面对面而坐，不但方便学生们在课堂上讨论，最“实惠”的还是解决了老师开学排座位的烦恼。老师讲课采用全班绕的模式，完全不存在前座、后座的不公平。会议桌式排列如图 2-3 所示，有利于学生的合作学习，充分体现了自主、合作、探究的新课程理念。这种方式虽然拉近了学生与学生的距离，但也方便了学生间闲谈，个别学生更是有了依靠，容易养成惰性。同时，会议式排列容易分散学生的注意力，课堂效率也会大打折扣。

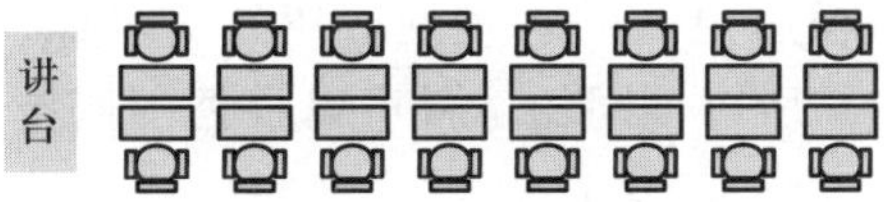

图 2-3 会议桌式排列

4. 圆形排列

圆形排列（如图 2-4 所示）的特点是多人围绕而坐，全班同学聚集在一起，大家相互之间都可以看到，这有利于言语和非言语交流的进行。从空间特性上看，它消除了座位的主次之分，让大家平等地坐在一起，更能激发学生学习的积极性，使他们敢于在课堂上表现自我，有助于建立和谐友好的同学关系和师生关系。这种排列格局比较适合 20～30 人小班，并且在这种排列方式下，同学只方便与坐得离自己比较近的同学交流，而不方便与隔得较远的同学交流，因此它缩小了同学间的交往面。

5. 马蹄形排列

如果经常进行授受式教学与讨论式教学，可将座位排列成马蹄形，教师可随时走到中央地带，进行沟通与教学管理。马蹄形排列如图 2-5 所示，占用空间较小，学生比较集中，教师与学生的距离较近，适合教师讲授新课，也适合师生之间、学生之间交流讨论，更适合于开展各种展示活动。也可以根据需要迅速将座位调整成圆形、矩形（三条边）或双弧形等。但这种格局也只适合人数比较少的班级。

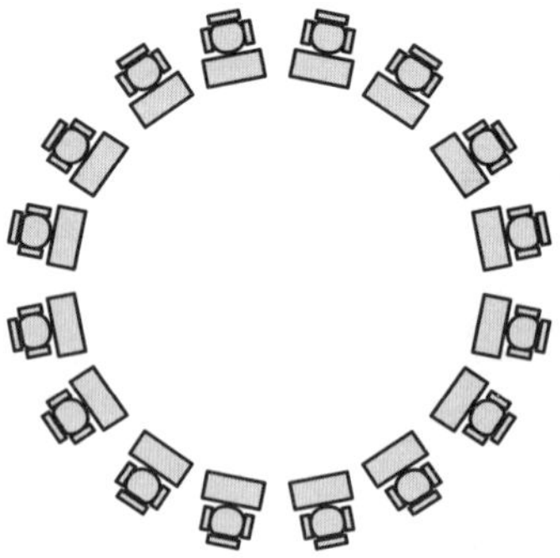

图 2-4 圆形排列

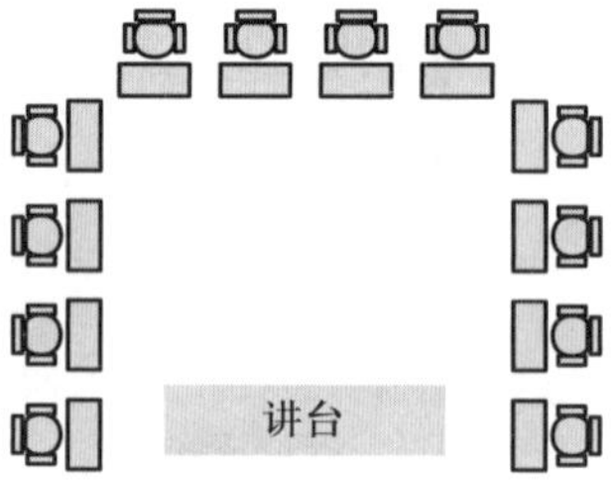

图 2-5 马蹄形排列

步骤 2 根据不同学科的特点可以有不同的座位安排

上文提到小组式排列的座位安排中要体现学生不同学习能力水平的混合，以达到各个小组之间的均衡。但是由于学生在各个学科上呈现出来的能力存在偏差，所以如果是固定的小组式排列，可能在某些学科上会有偏差，学生之间的合作也可能会有一些问题。因此可以根据不同学科上学生的情况，灵活安排位置。

另外，随着学校硬件设施的不断提升，学生的学习空间已经不局限在唯一固定的教室里，不少学校会有自己的功能教室或者学习场。比如音乐课，学校会有独立的音乐教室。在功能教室里，师生可以自行设计座位的形式。一些舞蹈室是没有座位的，这样有更大的自主性。还有美术课、科学课、信息科技课等，都会有单独的教室。所以不同的学科可以根据不同空间特点进行座位安排，体现学科的独特性。

行动三 座位轮换的基本环节

座位的轮换包括横向轮换和纵向轮换。横向轮换是指从教室的左边轮换到教室的中间或者教室的右边，属于同一水平线上的轮换，主要针对的是全班或者小组的轮换；纵向轮换是指前后位置的轮换，从教室的后方换到前方，或者是从前方换到后方，主要针对的是个别学生的调换。座位的轮换包括三个层次：第一层次是全班学生，全部小组的轮换；第二层次是小组内学生座位的轮换；第三层次是小组之间个别学生位置的调换。

步骤 1　做好学生全员座位轮换的心理建设

对于座位轮换，如果是从劣势的位置，比如教室左右两边换到中间，学生是非常乐意的，但是反之，学生可能会有负面情绪，此时教师便需要告知学生座位轮换的重要性和必要性。

1. 有利于调节视力，保障身体健康

教师要让学生知道，座位的定期轮换可以让学生轮流坐在教室的前、后、左、中、右的不同位置，有效预防近视、远视、斜视，有利于保障学生的健康。

2. 有利于体现教育公平

教师要让学生知道，教育资源对于每一个孩子都是公平的。根据公平性的原则，不可能有人一直霸占着“黄金座位”，也不会有人一直在偏远位置。不论学生成绩优劣，不论家庭贫富，座位的安排对所有学生都一视同仁。这有助于班级的团结和凝聚力的提升。

3. 有利于同伴交往，促进班级建设

教师要让学生知道，班级是一个集体，每个学生都要融入整个集体之中，而不是仅仅停留在一个小团队中。座位轮换为每个学生提供了与全班大部分同学成为同桌的机会，可以促进学生之间的交往，增进友谊。同时，有利于形成良好的学风、班风，有利于班级建设。

步骤 2　制定轮换制度，定期进行座位轮换

学生对座位轮换的这件事认可并且支持后，教师需要与学生一起制定座位轮换的相关制度，以做到公平公正，促进学生的发展。以每组 4 人，总共 9 个小组，按照 3×3 的排列方式为例。座位轮换可以有以下四种方式：

1. 定时定点换座位

通常，座位轮换可以两周一次，一个月轮换 2 次。时间间隔太短的话，一定程度上会加重教师的负担，因为座位轮换需要用时间去落实。但是间隔时间太长的话，又容易增加教室两边的同学产生斜视的可能。另外，座位轮换最好选定一个固定的时间，比如周五或者周一，这样的好处一是避免教师会因为繁忙的教学工作忘记座位轮换这件事，二是让学生有意识地提前整理好自己的东西，节约时间。

2. 全员打通换座位

座位轮换的对象是全体同学，让学生轮流坐在教室的不同位置。最常见的方式是让第 1 列的 3 个小组全部换到第 2 列，第 2 列换到第 3 列，第 3 列换到第 1 列（如图 2-6 所示）。当然也可以让第 3 列到第 2 列，第 2 列到第 1 列，第 1 列到第 3 列。与此同时，在学生身高差别不大的情况下可以同步进行前后、左右位置的更换。

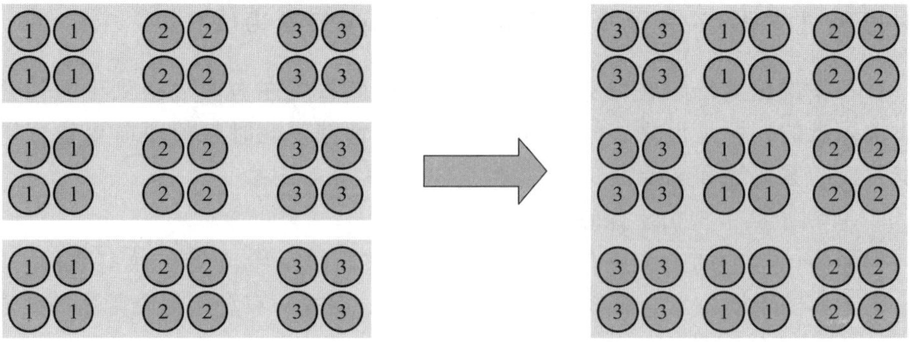

图 2-6 班级座位轮换示意图

3. 小组轮流换座位

除了在整个教室里轮换位置，小组内也可以定期轮换位置。可以一周轮换一次，也可以两周轮换一次。当然如果学生有需求或者出于其他必要的原因，教师也可以随时进行小组内的调整。以 4 人小组为例，小组内座位轮换方式可如图 2-7 所示。

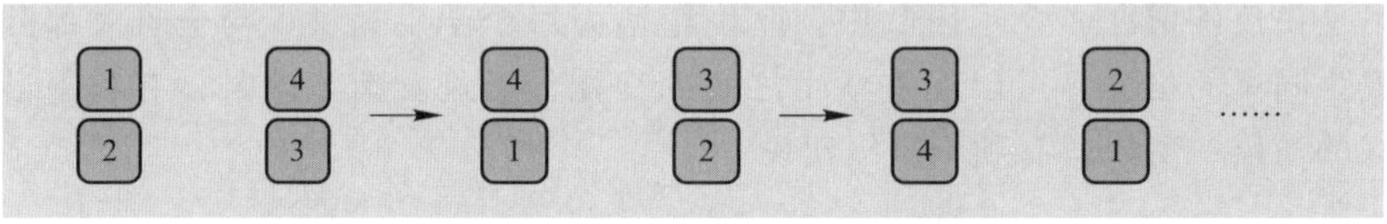

图 2-7 组内座位轮换示意图

4. 随时跟进换座位

每个阶段每个学生的成长速度是不一样的，有些学生在一年级时身高在班级属于比较高的，但是到了高年级之后可能没有了身高优势；或者有些原本坐在比较前面的学生可能身高增长速度突然加快。教师应该及时发现这样的情况并且协调好位置的调换。

步骤 3 做好个别学生座位调换的协调工作

换座位是常见的事情，但是有时候还是关系到学生之间的相处或者家长的态度。当有学生或者家长主动要求调换座位的时候，除了当事人，还涉及与其调换座位的另一位同学，以及周边的其他同学等。因此教师需要从以下几个方面去调查了解情况。

1. 询问要求调换座位的学生的内在需求

学生提出要调换座位，总是有他的一些急切的需求，这时候班主任应该深入了解学生的内心想法，了解学生想调换座位是因为视力问题还是跟同桌有了矛盾，或者是其他的原因。假如是视力问题这样的客观原因，那么班主任就要立刻联系家长询问学生的视力问题，并且联系校医为学生检查视力情况，再做出应对之策。如果是跟同学发生了一些小摩擦造成的隔阂，那么调换座位只是躲避问题，不能解决问题，班主任应该了解事情的前因后果，从根源上帮他们消除隔阂。

2. 初步选定想要的座位或者同桌

当学生提出要调换座位并且的确需要调换时，可能他们已经想好要坐在哪个座位上了。这时候，班主任就得评估这个座位是不是合适，会不会影响整体，被调换的学生的身高、视力等生理客观因素是否允许等。如果学生没有想好要坐哪个座位，班主任就需要统筹生理、心理等各方面的因素，给学生安排一个较为合适的座位。

3. 持续跟踪座位调换后的情况

座位调换完成并不是事情的终结，有没有达到预期的效果，是否往好的方向发展，这些都不是当下就能进行衡量的。为此，班主任还需要进行一段时间的监督跟踪，除了自己在课堂上关注之外，还需要询问学生本人及其周边的同学，还有其他任课教师等，如果有悖最初的目的或造成的负面影响较大，班主任需要及时做出相应的调整。

学生访谈

小A：刘老师，您好！我想跟你说件事，我想换个座位。

刘老师：为什么会有这种想法呢？发生什么事情了吗？

小A：我跟小B是好朋友，坐在一起也挺好的，但是我们太熟了，上课的时候他总是找我说话，我不想跟他说，但是总是被他的声音影响到。有时候我明明知道不对，但也会插上几句。

刘老师：从学习的自觉性来说，小B的确要向你学习。作为被影响的你，老师非常能体会你的心情。你调走了，你觉得谁适合坐在小B身边？

小A：小B就是跟熟悉的人有讲不完的话，可能让不太熟悉的女同学跟他坐一起比较好。这样小B的话就少了，也能让小B静下心听课呢！

刘老师：（评估过后认为）这倒不失为一个好办法。那么你呢？你觉得你可以坐到哪里去？

小A：这个我没想过，您帮我安排吧。

刘老师：小A，你的情况，老师平时也注意到了，本来以为你和小B两个人能够处理好，看来还是需要靠外力来帮你们一把，也的确到了需要换座位的程度了。你的需求老师思考之后会帮你安排。请你在换好座位后给自己定个小目标。

小A：我希望自己能在新的座位上不给周围的同学带去麻烦，可以的话帮助他们在学习习惯和学习效果上也能有进步。

学思结合

小张是一名初中二年级的同学，他觉得自己的同桌小丽学习成绩不好，习惯也不好，两人经常为了一点小事发生摩擦。小丽学习能力比较弱，总是会询问小张学习方面的问题。小张觉得教小丽会浪费自己的学习时间，所以他向班主任汪老师提出把小丽换走。

问题：如果你是汪老师，你觉得应该怎么跟小张和小丽沟通呢？

学思结合

帮忙换个座位

小莉上小学四年级，她是家里的二宝，有一个上大学的哥哥。作为二宝，小莉在家里的地位可想而知，尤其是爸爸对她非常宠溺。小莉的身高在班级当中属于中等，所以一直坐在教室中间的位置。

小莉和周围同学的相处还是比较融洽的，人也比较文静。但是她在课堂上有时候会有小动作，坐姿也不是特别好，经常背靠着椅背，整个人呈现出一种非常慵懒的状态，所以后桌的同学会反应小莉的坐姿影响其学习。此外，小莉的学习主动性不强，从四年级上学期以来，她的成绩不稳定，整体呈现下滑的状态，老师有心想要课后给她补习，她表示拒绝，觉得自己已经学得够多了。在这样的情况下，妈妈有一次联系班主任，说孩子回家跟她反映，有时候会看不清楚黑板上的字和屏幕上投影出来的内容，希望能够从第4排往前换个座位。班主任询问是否有视力检查的报告单，家长反馈说并没有，只是说孩子说看不清楚这件事是确定的。班主任回复家长第二天会根据小莉的情况做出调整。

班主任李老师的应对措施：

首先，根据学生家长反映的问题进行分析。四年级是近视率集中上升的一个时间段，有些学生佩戴了眼镜，有些学生不愿意佩戴眼镜。但是小莉是否真的是视力出现了问题还需要确认。因为家长反映问题那天，小莉恰恰刚经历了一次单元检测，并且成绩并不理想。在这个当口，班主任需要注意小莉告知家长退步原因的时候是否存在归因问题。

其次，查看学校视力检查报告并询问当事人。在翻阅学生体检报告单时，李老师发现小莉的视力只有4.0，相比其他同学，的确是比较弱了。据此确认小莉在学习中的确遇到了看不清楚的困难，需要班主任的帮助。同时，把小莉的视力情况告知家长，希望家长也采取对策。又找小莉询问，了解她是所有课堂的板书都看不清还是个别学科，以便跟其他学科老师做好沟通。

再次，初步锁定能进行座位调换的人选。座位调换的参考因素，首当其冲的是生理因素，因此查看坐在小莉前面的那部分同学的身高与视力报告，锁定视力和身高都满足条件的学生，再考虑座位调换后的两对同桌在各方面是否合适。最终，李老师选择了视力在5.0的女生小悦。

第四，调换座位。李老师首先找小悦交谈，跟她说明小莉的困难，也把小莉的需求告知她。小悦表示非常乐意帮助小莉。然后李老师告知小莉和小悦的同桌即将调换座位的事情，并希望他们能够跟新同桌互帮互助、共同进步。同时李老师告知他们，老师后期会进行跟踪观察监督，如果出现负面的影响，将会进行强制性座位调换。

最后，持续追踪座位调换后的情况。座位调换后的第一个星期，通过观察，发现此次座位调换对小莉和周围的同学来说很有新鲜感，学习做事也呈现出良好的状态。但是第二个星期开始，由于与新伙伴们相处甚熟之后，小莉在上课、自习中出现说话的情况，李老师便开始记录问题，用镜头捕捉小莉一些不当的行为，然后寻找时机找小莉把情况如实呈现在她面前，并且告诉她换座位是为了更好地学习。后期继续进行监督与反馈，有则改之无则加勉。

请仔细阅读上面的案例，认真完成下列任务：

（1）请分析李老师对这一情况的处理。

（2）如果你是李老师，当班级靠前的座位不够时你将怎么处理小莉的需求？

学思结合

单老师的座位安排

小宇是一名四年级学生，家长对他的教育是任由其自然生长，这导致小宇在学校里总是我行我素，上课随意说话、随意走动。在各个任课老师都教育无果的情况下，班主任单老师把他的座位安排在教室最边缘的角落，并定期进行更换。

请仔细阅读上面的案例，认真完成下列任务：

（1）评价案例中单老师的座位安排。

（2）如果你是小宇的班主任，在既不剥夺小宇的教育资源，又能把他对班级中其他同学的影响降到最低的前提下，你将怎样教育小宇？你会把这样一个令人头疼的孩子安排到一个什么样的座位上？

评　　价

请仔细阅读表 2-1 中的评分标准，然后对照标准对你在前面“学思结合”的案例中的座位安排进行评价。

（1）对照表 2-1，对“引导案例”中陈老师的处理方法进行评价。

（2）在对照表 2-1 进行自评和他评的基础上，进一步修改和完善或重新进行你在“学思结合”环节的案例思考。

表 2-1　学生座位安排能力 PTA①检核量表

评价指标	评分标准（每条标准满分 5 分，取整打分，重在厘清得分依据与扣分理由）	得分	
		自评	他评
A. 公平性	A1. 对座位安排的规则始终保持客观，没有双重标准		
	A2. 让每一位学生能够享受到公平的教育空间资源		
	A3. 不以座位的好坏作为奖励或惩罚手段		
B. 合理性	B1. 能在了解学生各方面情况的前提下制定座位安排制度		
	B2. 保证每个学生都能接受和认可座位的安排		
	B3. 更换座位时能统筹协调学生个人与集体的利益		
C. 灵活性	C1. 能满足学生对于座位的需求，但又不是一味地迎合		
	C2. 座位安排与更换能根据孩子的个性做灵活变通		
	C3. 座位安排能提升班级的凝聚力		

① PTA，即 Primary Trait Analysis，基本要素特征分析法。

任务二 破冰与融合

目 标

1. 通过调查、深度思考和交流形成自己对破冰行动的正确认识，并能对破冰行动的含义、作用和基本原则做出精准、全面、有深度的解读。

2. 通过自主尝试、学习优秀案例、深度交流等，能够按照破冰的基本原则开展破冰行动，并以此增进师生关系和生生关系，最终促进学生的发展。

引导案例

开学第一天

开学第一天，初一的学生们开开心心地来到新学校，他们的脸上洋溢着灿烂的笑容，进校门时能跟老师问好，进教室时也能给周围的新同学一个笑容。但也有一些学生比较内向与害羞，不敢跟老师问好，也放不开跟新同学一起聊天。

同学们都坐到座位上之后，班主任蒋老师首先做了自我介绍，对同学们的到来表示欢迎。接着，她开始介绍学校的一些信息，包括学校里可以做哪些好玩有趣的事，学校里有哪些特色的地方等。同学们对新学校充满了好奇，内心也很激动。这时老师要求同学们轮流到讲台上做自我介绍。一些同学大大方方地说出自己的姓名、年龄，语言表达能力好一点的同学还说出了自己的爱好、家庭住址等。但是有一些非常内向的同学就不愿意到讲台上去，或者上去之后说话的声音非常轻，这样的自我介绍让他们面红耳赤，心理的压力非常大。老师说“胆子大一点”“没关系的”，但是这样的鼓励作用并不是很大。

之后，蒋老师介绍了学校的规章制度和班级的一些规定。

这时候，同学们脸上的表情变得沉重起来，他们似乎也看到了初中生活和小学生活的一些不同，也感受到中学生活的一些压力。最后，蒋老师将一些学习材料发给各位同学，并布置了一些回家需要完成的任务。

开学第一天的见面会就这样结束了。学生们走出校门时，一些学生脸上仍旧挂着笑容，一些学生仍旧有点胆怯。后者回到家，父母问他们有没有认识新同学，他们只能讲出个别的名字或者一个也讲不出来。他们第二天再上学时，仿佛和第一天没什么两样，认识的同学依旧不多。

开学第一天，班主任可以做些什么来促进学生之间快速熟悉、融洽相处？

准　　备

破冰是班集体从独立的个人凝合成集体的最初始的步骤之一，它起到消除隔阂的作用，如同一栋高楼的地基，决定着同学们在接下来学习中的效果和效率，关系着整个班集体的凝聚力和团结力。破冰行动的主要目的是让新生在入学时，能对新班级有一种归属感，提高新生的学习与生活的适应能力，在完成角色的转变的同时做好投入学习的准备。同时帮助新生在快速地认识校园、喜欢校园、融入班集体的活动中，找到自己的位置，拓宽与同学交往的范围。

微课：破冰行动（江珊）

行动一　破冰行动的基本流程

为体现破冰行动的最大效果值，教师需要制定破冰行动的流程，根据流程顺利推进。对象是小学高年级或中学学生时，也可以由学生讨论过后制定流程。基本流程如下：

步骤 1　学生准备姓名贴

在破冰行动正式开始之前，班主任给每位学生发一张卡片（最好是能贴在衣服上的卡片），让每个学生设计自己的姓名贴。姓名贴上最主要的是要写上自己的姓名和年龄。当然，为了让姓名贴更美观一点，可以让学生画一些修饰性的图案。让学生做完后将姓名贴贴在胸口的左边。这样的准备活动可以在一定程度上缓解学生的紧张感和不自在感。

步骤 2　班主任做自我介绍

班主任可以说是整个班集体的引导者，在破冰活动的开始环节中，班主任首先要放开自己，把自己展示在学生面前。班主任可以介绍一下自己的姓名（我叫×××，大家可以叫我×老师）、年龄（今年××岁）、家乡（我来自……）、兴趣爱好（我最喜欢做的事情是……）。这样其实也是给学生做一个示范，告诉他们可以从哪些方面来介绍自己。在这一环节中，不建议教师过多地说自己为人处世的原则，在日后教学中的要求等。但是要讲清楚破冰行动的规则要求，把握好破冰行动的目的。

步骤 3　小组内做自我介绍

破冰行动也可以采用 4 人小组的模式进行分组，让学生在小组内进行自我介绍（我叫×××，我今年××岁了，我住在……，我最喜欢做的事情是……）。假如小组内有同学想要进一步了解对方，也可以在自我介绍结束后通过问答的方式进一步了解。

步骤 4　小组间做成员介绍

小组内自我介绍完之后，学生对所在小组内的成员就有了一定的初步的了解。这时候可以开展小组之间的群体介绍。比如第一小组的学生向第二小组的学生做介绍。但每个人在介绍完自己之后，还需要介绍小组里的其他 3 位同伴。举个例子：

第一小组小甲：大家好！我叫小甲，我今年 12 岁了，我住在××街道××小区，我最喜欢的事情是玩滑板车。这位是小乙，他今年××岁了，他住在……，他最喜欢……。这位是小丙，他今年××岁了，他住在……，他最喜欢……。这位是小丁，他今年××岁了，他住在……，他最喜欢……

步骤 5　开展破冰游戏

初步了解全班同学和小组同学的情况后，班主任可以按流程开展破冰游戏。对于低年级班级，班主任作为主持人，调动氛围，组织活动。如果是中学生，由于他们在组织能力、语言表达、活动策划等方面都已受过一些训练，活动的组织和主持可以交给班干部，活动的氛围也会更加轻松。

学思结合

黄老师是刚踏上岗位的初一新班主任，在前期计划破冰行动的流程时投入了很多的精力，设想得也非常好。但是在学生自我介绍环节中，有部分学生因为不好意思，或者面对的是一些熟悉的同学，所以介绍得非常简单，有个性的同学甚至闭口不言，内向的学生声音还很小。这个环节不仅没有调动起气氛来，反而显得很尴尬。

问题：如果你是黄老师，你在自我介绍环节会怎么设计和推进？

学思结合

安琪的担忧

安琪（化名）是班级内唯一一个少数民族学生，在新生家访时，班主任魏老师便发现安琪非常内向害羞。安琪的爸爸在外打工，妈妈主要从事网店的工作，基本上每天都必须待在家里接单、发单，带孩子出去玩的时间也不多，长此以往，安琪就越发内向了。

在家访中，安琪看老师的眼神是慌乱的，甚至连叫一声“老师好”的勇气也没有。她将双手搭在自己的膝盖上，手指不断地揉搓。从她的这些动作也不难发现安琪的内心十分紧张，不知所措，可能对接下来的小学生活都存在些许恐惧的情绪。通过与安琪妈妈的交谈，魏老师得知，安琪从小就害怕生人，尤其害怕异性，连跟父母说话的次数都是少之又少，妈妈也表现出对安琪学校生活的担忧。

魏老师的行动：

从外在表现来看，安琪这样一个内向的孩子表现出来的对陌生人的抗拒是非常明显的。孩子不像成人，能够在新的环境中及时做出调整，快速适应新的环境与集体。因此得给安琪安排一个适合的小组和座位。

首先，了解学生的内在需求。安琪是一个缺乏安全感的孩子，只有给她一个安全温馨的环境，才能让她打开心扉；只有让她在与同伴相处时感受到舒适与温暖，她才能融入集体。

其次，搜索破冰小组成员。安琪所在的班级男女生的比例将近 1∶3，也就是以4人小组为团队的话，不可能所有的团队男女比例都对等。安琪是一个害怕与异性交往的孩子，但是也不能让她永远在没有异性的团队中成长，这对其日后两性关系的发展是不利的。也不能反其道行之，让她完全处在异性的包围下。因此较为合适的是组建男女比例2：2的小组，同组的另一个女生是沉稳大方、外向开朗的“大姐姐”形象，两个男生是谦和大方、非常懂事的暖心形象。

最后，成立破冰小团队。在后续的观察中发现，安琪没有任何的不适应，反而能很快地融入团队中，与团队成员相处和谐，没有出现紧张不合群的情况，所以把安琪安排在这个小组是非常合适的，破冰小分队就此成立。

后期情况跟踪发现，她与班主任以及任课老师的关系仍然不是那么亲密，但是在小学阶段，她不再与男生有隔阂，反而成为班级当中人缘最好的学生之一。由此可见，在新班级成立的时候，在破冰游戏中为个别孩子寻找满足其需求的团队对于其在小学的整个学习中有较为重要的作用。

请仔细阅读上面的案例，认真完成下列任务：

（1）对案例中的情况处理进行分析。

（2）如果你是班主任，你将怎么解决安琪的担忧？

行动二　有趣的破冰游戏

游戏是最能消除隔阂的，也是最能让人放下防备的。因此准备一些有助于团队合作，增进关系的游戏非常重要。

玩游戏总会有输赢，赢了的同学开心，输了的同学可能会难过，有些好强的同学还会埋怨那些失误的同学，如果是这样，那就违背破冰的目的了。因此，班主任在破冰游戏开始之前，要先让学生们知道这些都是游戏，大家要在过程中寻找快乐，相互了解是第一，输赢是第二。

在破冰游戏前，班主任要准备好两组礼物：一组是奖励给团队的，奖励名称不用“第一名”这样的名次，最好用“最佳拼搏”“最佳合作”“最佳努力”等，关注团队的整体发展。另一组是给每个学生准备一枚勋章，这枚勋章可以是普通的徽章，也可以是班徽，以此作为礼物，正式宣布他们成为班级的一员。

游戏一：直呼其名

游戏时间：5～10 分钟。

游戏准备：将学生随机分成 10 人左右的小组，每个小组发一个小球。

游戏步骤及要求：（1）小组内成员站成一圈，相邻两人间距一臂长。（2）选定一名学生，告诉他，“游戏将从你开始”。（3）第一个学生大声喊出自己的名字，并将手中的球传给左边的队友，接到球的队友同样要喊出自己的名字，然后把球传给左边的队友。（4）这样一直传递，直到球又重新回到第一个学生手中。（5）第二轮开始，改变游戏规则，接到球的学生，必须马上喊出另一个队友的名字，并把球传给他。（6）接到球的学生不能喊刚刚传球给他的那位队友的名字，必须喊出另一个的队友名字并把球传给他。（7）如果叫不出来名字或者传错，就要重新再喊名字再传。

游戏二：松鼠搬家

游戏时间：5～10 分钟。

游戏准备：将学生随机分成 3 人小组，小组中有一个人扮演松鼠，两个人扮演大树。

游戏步骤及要求：（1）扮大树的两个学生面对对方，双手搭成一个圆圈，扮演松鼠学生站在圆圈中间。（2）老师喊“松鼠”，大树不动，扮演松鼠的学生离开原来的大树，重新选择其他的大树，落单的学生表演节目或者学青蛙跳。（3）老师喊“大树”，松鼠不动，扮演大树的学生离开原先的同伴，重新组合成一对大树，并圈住松鼠，落单的学生表演节目或者学青蛙跳。

游戏三：抢占地盘

游戏时间：5～10 分钟。

游戏准备：将学生随机分成 10 人左右的小组。每组准备比小组人数少一把的椅子围成圈，小组人围着椅子成圈。同时提前准备几首音乐。

游戏步骤及要求：（1）音乐响起，每个小组的学生按顺时针方向走起来。（2）音乐突然停止，学生开始抢椅子，并以坐到椅子上为胜利，没有抢到的学生淘汰。（3）淘汰一人后，椅子就减少一把，依次类推。游戏最后，只剩下一位学生坐在椅子上，就是获胜者。

游戏四：乒乓球过桥

游戏时间：5～10 分钟。

游戏准备：将学生随机分成 10 人左右的小组。每组发放 1 个乒乓球，若干张 A4 纸。

游戏步骤及要求：（1）小组成员站成一列，把手上的纸凹成 U 形，班主任把乒乓球放到第一个学生的 U 形纸中。（2）学生把球传递给下一个同学，若球落地就重新来过。（3）最后一个学生把球传到规定的桶里，用时最少的组赢。

学思结合

“无处安放”的小詹

小詹是一名初一的学生。在小学阶段，他的家长与学校并未形成良好的合力，很多时候家长选择性地让小詹参加一些活动。因此，小詹对于学校开展的活动并不熟悉也不十分配合。进入初中的第一天，大家都积极开展活动，小詹却常游离在外，导致小组的活动成绩不佳，效果不好。同组成员向班主任提出要更换组员，或者小詹不加入活动，以免影响整个小组。班主任看小詹自己也不是非常积极，为了平息学生们的不满情绪，于是班级活动时就让他在旁边看着。

请仔细阅读上面的案例，小组合作，认真完成下列任务：

（1）对案例中班主任的问题解决方式进行评价。

（2）如果你是班主任，你将怎样应对？思考如何既能让小组的成员都愿意接纳小詹，也能让小詹非常愿意加入小组，并且认真参与活动。

评　价

请仔细阅读表 2-2 教师破冰与融合能力 PTA 检核量表的评分标准，然后对照进行评价。

（1）对照表 2-2，对“引导案例”中蒋老师开学第一天的见面会进行评价。

（2）如果你是班主任，你想如何开展小学一年级、初中一年级、高中一年级新生的破冰行动？对照表 2-2，在小组中对你的活动方案进行自评和他评，并进一步修改完善。

表 2-2　教师破冰与融合能力 PTA 检核量表

评价指标	评分标准 （每条标准满分 5 分，取整打分， 重在厘清得分依据与扣分理由）	得分	
		自评	他评
A. 合理性	A1. 破冰游戏的选择的确适合刚成立的班级群体		
	A2. 破冰游戏适合本学龄段的学生		
	A3. 破冰环节的设计合情合理		
B. 全面性	B1. 破冰行动做到人人参与		
	B2. 破冰游戏的团队成员在活动中及时调换		
	B3. 破冰游戏的选择适合多数人		
C. 有效性	C1. 破冰行动的形式多样、新颖		
	C2. 根据破冰过程中学生的状态进行调整，重视效果的达成		
	C3. 破冰行动提升了整个班级的融合度		

本单元小结

座位是学生拥有的一种典型的外显性教育资源，因此，座位的安排要体现公平公正、群体民主、互帮互助、定期轮换等原则。班主任要基于班级具体情况的考量，切实选择秧田式、小组式、会议桌式、圆形、马蹄形等座位排列形式，这样既能体现学生主体性地位，又能提升班级凝聚力和向心力，形成和谐自主的班级氛围。班主任还要及时根据需要，进行全体学生的座位轮换以及个别学生的座位调换。

在打破学生之间隔阂的破冰行动中，班主任要做个有心人，在初步了解班级学生性格、知识面等情况的基础上，组建破冰小团队。在破冰行动中，班主任要发挥好润滑剂的作用，使学生之间、师生之间消除距离，形成凝合力，发挥破冰行动的积极作用，使学生能快速适应新集体，顺利完成角色的转变，放心、开心地投入学习活动中，为建立良好的班级风貌奠定基础。

活动体验

座位的安排和破冰行动的开展都能体现教师的智慧，对学生的成长以及班级氛围的营造至关重要。请到一所中学或小学开展调查：学生对他们的座位安排是否感到满意？你认为应如何改进座位的安排？班级成立之初是否开展了破冰行动？

反思与探究

不同的课堂空间位置对学生会产生不同的影响。座位是一种有限的教育资源，在现实的教学过程中，基于客观因素或者主观意识，可能出现“前排有效控制区”“后排边缘区”“讲台直辖区”“黄金座位”“学优生专座”“后进生专座”等现象。班主任将“学优生专座”当作激励往往可以调动大部分学生学习的积极性，而将个别后进生安排在特殊位置也能更好地关照他们，便于课堂纪律等方面的管理。

（1）上述这样把好座位当作奖励或者将后进生安排在特殊位置与公平公正地享受座位是不是有矛盾之处？对此你是如何认识的？

（2）假如你所在的班级中，调皮的学生、影响班级秩序的学生比较多，你会把这些学生混排在班级学生中间，还是会将他们安排在特殊位置？请阐述你的理由。

推荐阅读

1. 李虹霞. 创造一间幸福教室［M］. 北京：教育科学出版社，2013.

2. 钟程. 复合正义视角下的教室座位编排研究：基于学生座位体验的考察［J］. 当代教育科学，2021（07）：81-89.

3. 高彦丽. 班级管理的破冰之法：活动管理法［J］. 基础教育论坛，2022（31）：109-110.

单元三

建设班级组织

【学习目标】

通过本单元的学习与训练，你能够：

1. 了解班干部的组织形式，掌握班干部选用的方法。
2. 根据班干部选用原则，自主设计班干部选用计划。
3. 掌握培养班干部的方法。

任务一 选用班干部

目　标

1. 了解班干部队伍建设的重要性和班干部的组织形式，掌握班干部选用的方法。

2. 通过自主尝试、学习借鉴等，在班干部选用的过程中坚持以人为本、公平公正，能够按照班干部选用的原则和步骤选用班干部，能自主设计一份班干部选用计划。

引导案例

失序的班级

临近开学，刚毕业踏上工作岗位的初中一年级班主任孙老师和副班主任正在进行开学前的家访。刚进入小余同学家，小余妈妈就指着墙上的奖状说："孙老师，我们家小余从小就爱学习，经常参加珠心算、围棋、乐器比赛，获了很多奖，小学老师也常常让他管理其他同学，他上中学最大的梦想就是当班长！您一定要给他这个机会啊……"之后，孙老师和副班主任又到了小叶家进行家访。"小叶，和孙老师说，你最想做的事情是什么，别害羞，说呀！"小叶的爸爸在一旁不停催促道。"我想当班长……"小叶同学扭扭捏捏地说道。出门前，小叶爸爸还让小叶拿起两个袋子塞给两位老师，百般推辞后，孙老师终于在电梯门关上前把两个袋子还给了小叶的爸爸。

现在还没开学，家长对于班级班干部的位置已经展开了"争抢"，开学后该如何进行班级班干部的选用？孙老师陷入了沉思。开学后，孙老师在班干部的选用一事上一拖再拖，只能临时叫几位动手能力强的同学帮忙分发作业，很多事情都亲力亲为。孙老师对学生提出细致的要求，并且亲自检查、监督和提醒。每天早读时间，孙老师总是早早在教室等待学生的到来，提醒早到的学生马上进入早读状态。中午值日生工作，孙老师总是一催再催。……虽然孙老师每天都很忙碌，但是没有班干部的班级中各项工作还勉强可以维持。

一天，孙老师外出培训，整个上午不在学校。下午，当刚走进班级所在的楼道时，孙老师就有了一种不好的预感。走廊上，两个好动的男生正在推推搡搡，厕所门口也有几个学生扎堆打闹。回到教室时，孙老师发现整个教室非常脏乱：地面上有很多垃圾，课本、笔、纸屑到处可见；学生的桌椅歪歪扭扭；走道上还有中午吃饭留下的剩菜汤渍。课间的时候，两个同学因为小矛盾大打出手，小张同学的眼镜也被弄断，严重影响其上课。这时，校园文明检查的信息也反馈到了孙老师的手机上，上午班级在眼操、用餐、课间纪律方面都被扣分……至此，孙老师意识到了班干部对于班级管理的重要性，打算着手班干部的选用。

在班级组建之初，如何进行班干部的选拔呢？直接任命，是否会引起家长的意见？公开竞选和投票，是否能够保证公平、有效？面对这些问题，你能为孙老师出个主意吗？

准　　备

班级作为学校教育制度体系中基本的教育单位和组织形式，与学生的成长发展关系密切。在传统观念中，班干部是班主任展开班级管理的得力助手，在班级的学习、纪律等方面的管理中发挥中重要作用。而在新时代的德育观中，班干部不仅在班级管理中发挥着重要作用，更是班集体的育人平台，是促进学生成长和发展的育人活动的载体。在班干部选用的过程中，班主任应用其所长，利其所短，从成长角度使学生发挥优点、改正缺点，并从多元智力理论出发，使学生有更多的机会展现其优势智力，使每个学生都能以适合自己发展的方式为班级争光，使人人都在参与班级管理的过程中体会到成功的喜悦。班干部选用过程还要注重民主公正和流动更新的原则，保证班干部选用的公平、有效。

微课：班干部的选用（李方园）

通过下面行动中的具体案例和班干部选用流程，运用所学班干部选用的方法和原则，明晰班干部选用的办法，合理选用班干部队伍，为良好的班级管理打好基础。

行动　合理选用班干部

当一个班级需要选用班干部时，我们可以从以下几个步骤去开展：

步骤1 了解班级情况和学生特点

1. 了解班级的整体情况

在进行班干部选用工作之前，班主任首先要对班级情况有所了解。班级是学生学习和生活的重要环境，班级的氛围和特点对班干部的选用起着导向作用。班级的组建时间、班级成员的来源、班级目前的氛围和环境都是选拔班干部需要考虑的因素。例如，有的班级是初建，学生之间不熟悉，班级凝聚力和默契都没有达成最完美的状态；而有的班级组建已经有很长一段时间，成员之间较为熟悉，但是可能存在学习氛围不浓厚、活动积极性低、过分活跃等现象。针对不同的班级情况，班干部的选用方法都会有所差异。

了解班级的整体情况可以从班级的建立时间和成员构成、班级整体特点和以往表现两个方面来入手。

（1）班级的建立时间和成员构成

班级的建立时间和成员构成情况是比较容易了解到的，并且信息的可信度较高。例如，2021年9月，王老师接任四年级8班的班主任，通过表3-1所示的班级信息，她对班级的建立时间和成员构成有了比较清晰的了解。

表3-1 四年级8班班级信息

班级建立时间	2017年9月	男生	18人
班级人数	38人	女生	20人

整个班级已经有了4年相处融合的时间，班级成员之间熟悉度比较高，已经形成了相对稳定的班风。

（2）班级的整体特点和以往表现

班级的整体特点是班级隐性的文化。对于刚组建的新班级来说，班主任可以通过一段时间的观察，对班级中学生的性格和融洽度作出推测。对于中途接班的班主任来说，则可以通过与前任班主任的交接以及与其他任课老师的交流来多方面了解。同时，可以通过班级以往在德育、智育、体育等方面的表现来全方位地了解班级的特点。

新接班的王老师在对班级的建立时间和人员构成有初步了解之后，通过与前任班主任以及其他任课老师进行沟通，了解到四年级8班是一个具有班级凝聚力和荣誉感的班级，但是班级纪律较差，并且由于班干部分工不明确、职能不清晰，班干部管理能力不高，缺乏有效的执行力。班级在前一学年中多次获得学习类奖项，但是在德育文明评比中的表现不容乐观。

2. 了解学生的个性特点

班干部的选用，是以学生为主的“育人”活动，不能以成绩定一切，而要多考察学生的领导力和服务意识。班主任可以通过家访、日常观察、询问学生、任课老师建议、问卷自测等多种方法，了解学生的生活、学习、性格、领导力和服务意识等，建立对学生全面、动态的了解。但是这些了解也只能作为参考，绝不能按照思维定式因以往表现而直接给学生下结论。学生是不断成长的个体，在学习能力、个人观念、同学相处等多个方面都会有很大的变化。因此班主任要结合过去的表现，重点观察现在的表现来对学生做出评判。

（1）走近学生，问卷自测

王老师在班干部的选用之前，除了可以通过日常观察了解学生情况，利用问卷调查也是一种简洁高效的方法。王老师请每位同学填写了一份“自我介绍书”，通过问卷自测，通过学生的自我报告认识他们，知道他们的兴趣、特长、性格等具体信息。

自我介绍书

亲爱的孩子们，你们好，我是你们的新任班主任王老师，看着你们充满活力的身影，老师真想快点认识你们！你愿意完成下面的小问题，向老师介绍自己吗？

1. 你觉得自己的性格是怎样的？

2. 你有什么兴趣爱好或者特长吗？

3. 在班级里，你有哪些好朋友？你们为什么会成为好朋友？你们经常一起做什么？

4. 每天回到家之后，你会怎么安排自己的时间？一般会选择做什么？（侧面了解学生在家学习自主性和时间安排能力。）

5. 你觉得自己有哪些优点和缺点？（了解学生自我认知。）

6. 你最喜欢班级里的哪位同学？为什么？

7. 你觉得班级中哪些同学需要帮助？应该怎样帮助？（了解学生对班级成员的认识。）

8. 你觉得班级里有哪些让你喜欢的事情？

9. 你觉得班级里有哪些问题？你觉得应该怎么做？（了解学生的解决问题能力。）

10. 你平时会和爸爸妈妈一起做哪些事情？（侧面了解家长和学生的相处情况。）

（2）走进家庭，家访沟通

了解学生的个性特点和表现，不能忽视学生的家庭环境。因此，家访是了解学生的一个良好途径。在家访中，班主任老师可以围绕学生的兴趣爱好、朋友交往经历、在家表现情况、以往学习经历等方面展开访谈，从而对学生的个性特点和能力有初步的了解。

班干部选用前的家访内容举例

（1）在您眼中，孩子各方面的能力是怎样的？

（2）您的孩子有哪些兴趣爱好和特长？

（3）您觉得孩子在哪些方面还需要继续努力？

（4）您支持孩子担任班干部吗？为什么？

（5）生活中孩子喜欢参与家庭事务吗？他会在家中为家人做哪些事情？

（6）您觉得孩子的性格怎么样？

步骤 2 明确班干部组织的管理形式

班干部组织形式多样，相对稳定式、灵活轮流式、项目负责式各有各的优点和弊端。

1. 相对稳定式

相对稳定式是大家最为熟悉的班干部组织形式，即在班级中设置固定的班长、副班长、学习委员、劳动委员、体育委员、文艺委员、生活委员、组织委员、宣传委员、小组长、课代表等。

固定的班干部，有利于教师更好地了解班干部的工作执行情况和成长状态，也有利于班级活动的有序进行。班级具体事项由专人专项负责，提高了班级的执行力。但是稳定的组织形式使班干部群体较为固定，大部分的同学无法参与到班级管理和服务当中，缺少自我展示的平台。同时，稳定的班干部组织形式，也不能让班干部得到全方位的锻炼。

2. 灵活轮流式

灵活轮流式，顾名思义是指部分班干部由学生轮流担任，即在保留一部分固定班干部的情况下，在班级中设置值周班长、值周劳动委员、值周纪律委员等，由值周班干部承担一部分班级工作。这种形式既可以在班级中营造人人为我、我为人人的主人翁意识，激发学生的进取心，又可以锻炼每个学生的管理能力，促进学生的全面发展。

在实行过程中，首先，要尊重学生的意愿，请有意愿参与班干部轮流的学生报名，而不是简单地按照学号顺序轮流。其次，值周班干部上岗前，可以由固定班干部对其进行指导和培训，为值周班干部更好地履行职责打好基础。最后，建立对值周班干部的考核和评价制度，每日工作结束后，值周班干部需要对今日班级管理的情况作一个总结，同学们也需要对这位班干部的工作进行打分和综合点评，为他以后的工作提出宝贵意见，从而实现班级管理的不断优化。

3. 项目负责式

项目负责式和灵活轮流式有相似之处，都区别于相对稳定式的班干部组织形式。项目负责式也是灵活多变的，但是它以活动项目为承载主体。例如，班级每月都有黑板报“宣传阵地”的建设活动，可以以每个月的主题为基础，招募负责人，建立本月“宣传阵地”的建设小队。班级参加足球赛时，可以征求班级足球小将们的建议，成立足球赛组织小组，负责组织球赛的训练。

项目负责式的班干部队伍建设中，也要注意诸多问题。首先，在项目承包之前，教师要带领学生对项目做出充分预设，根据学生的能力和项目的实际要求招募合适的承包者。一个项目负责小组包括 1～2 名主要负责人，其他人员由负责人组织，最终形成一个较为完善且具有高效执行力的小组。其次，在项目的完成过程中，教师和学生应进行监督。最后，项目完成后，老师和学生要对该项目小组进行评价，对整个小组和个人都要进行点评，而该小组的成员也要对自己和小组进行点评和分析，总结反思得失，从而不断激发学生的发展潜能和积极性。

在小学低年级，学生的领导力尚未得到充分锻炼，组织协调能力不高，因此适合相对稳定式为主的班干部组织形式。小学高年级及中学阶段，学生主观能动性增强，个性特点和自我管理能力也有显著提高，这时灵活轮流式和项目负责式的班干部组织形式的优点可以得到发挥。

王老师接手的四年级 8 班是一个成熟的班级，学生具有较好的班级凝聚力和较强的学习能力，因此王老师决定采取灵活轮流式的班干部组织形式。王老师准备设定一个相对稳定的传统班干部组织，包括班长、副班长、学习委员、劳动委员、体育委员、文艺委员、生活委员、组织委员、宣传委员、小组长、课代表。除此之外，王老师将在每周设定一位值周班长，值周班长每周进行轮流，这样所有学生都有机会参与到班级管理当中，学生的主人翁意识将不断得到加强。

学思结合

值周班长体验

下周，对于小钟同学来说是既非常期待又很紧张的一周，因为下周将轮到她担任值周班长。在班主任老师的提醒下，小钟同学和本周的值周班长进行了交接。在周五的班会课上，本周值周班长对本周班级情况进行了总结，并接受了全班同学的点评。随后，值周班长将值周班长臂章和记录本交还给班主任张老师。张老师向大家介绍了下周的值周班长小钟同学，并把臂章和记录本交给小钟。小钟站在讲台上激动地说："亲爱的同学们，下周我是班级的值周班长，我会遵循班级规章制度，协助张老师管理班级、开展活动……"新的一周很快开始了，小钟认真履行职责，遇到没有把握的事情就去询问之前的值周班长和张老师。最后，小钟顺利地完成了值周班长的任务。

请仔细阅读上面的案例，认真完成下列任务：

（1）你怎样看待设置值周班长这一岗位？它有什么优点和缺点？

（2）如果你是班主任张老师，会如何更好地完善值周班长这一制度？

步骤3 明确班干部的分工与责任

在确立班干部的组织形式后，下一步就是要明确班干部的分工和责任。在进行班干部选拔之前，班主任需要召开选拔说明会，清晰介绍每项工作的具体内容和责任。明确班干部的分工是选拔班干部的基础，班干部分工不明确会导致选拔中的偏差，也会影响后期工作的展开。特别是在项目负责式班干部组织中，每一次教师都需要根据具体项目的内容招募负责小组，学生每次负责的内容都会有所不同，因此明晰自己的职责就显得尤为重要。在明确班干部的分工之后，还要确认班干部职务的命名，是以传统的“委员”“长”命名，还是以打破阶级色彩的“小助手”“志愿者”命名，这值得班主任斟酌。班干部设定的人数多少，也是班级管理中要考虑的问题。众多学校和班级采用了“人人都是长”的班级管理方式。

学思结合

开学伊始，王老师准备在班级内开展稳定式班干部竞选，让学生们自由报名。通知一发，学生们踊跃报名。报名结束后，王老师发现，报名竞选班长、副班长、学习委员、体育委员等的同学非常多，而几乎没有同学报名竞选劳动委员。

于是，王老师找小山同学了解情况。

王老师：小山，你是我们班级中一位非常热心的同学，这次班干部竞选你报了什么岗位？

小山：我报了学习委员。

王老师：能说说你为什么选择竞选这个岗位吗？

小山：我的学习成绩不错，学习上也非常努力，我可以做好同学们学习的榜样。

王老师：你的想法很不错。老师有一个疑惑想咨询你一下。这次班干部竞选，大家对劳动委员的热情都比较低，报名竞选劳动委员的人非常少，你知道是什么原因吗？

小山：王老师，劳动委员就是干脏活累活的，不光要做很多值日工作还会浪费很多学习的时间，一点儿好处也没有。不像当学习委员能对自己的学习有帮助。

王老师：劳动委员就是干脏活累活的吗？其实你们对于劳动委员以及其他班干部的分工都不明确。这是老师的问题，没有提前告知你们班干部的详细分工和职责。今天我们会召开一次班干部竞选动员会来具体解释一下。

下午的班会课上，王老师在班级里举行了班干部竞选动员会。将各个岗位的分工和职责进行了解释说明，并且对劳动委员做了重点说明。

王老师：同学们，你们觉得劳动委员的职责是什么？

学生：劳动委员就是要经常打扫教室卫生，每天和同学们一起值日的人，每天要干脏活累活，还吃力不讨好。

王老师：其实，劳动委员并不像你们所说的那样是一个需要每天打扫卫生的班干部。劳动委员的职责是带领好班级同学，为营造一个良好、健康的班级环境而努力，并且和班长一起组织劳动教育，提高大家的劳动意识。身为一个劳动委员，最重要的职责就是引导班级每位同学养成自觉、自律的劳动习惯，提高劳动意识和能力。

请仔细阅读上面的案例，认真完成下列任务：

（1）对案例中王老师在面对班干部竞选问题时的处理方式进行评价。

（2）如果你是王老师，在班干部竞选之前，你将会怎样和学生们说明班干部的分工和职责？请你结合班级管理实例，进行思考和设计。

步骤 4 确定班干部选用的办法并开展班干部的选用活动

选拔之前，班主任需确定班干部选用的办法。自荐制、任命制、民主推选制、自主竞选制、组阁制、轮换制、双轨制各有千秋，适用于不同情况。低年级可以选择自荐与任命结合的方式。例如，一年级同学刚刚入学，他们年纪比较小，经验比较缺乏，对班级工作和班干部的认识并不清楚，这时需要老师多一些介入和引导，为学生讲解班级的概念、集体的概念、班干部的作用等。在学生有了一定的认识基础后，让学生们自荐，老师再根据实际情况确定班干部人选。中高年级可以选择自荐、自主竞选与民主推选的形式。这些学生经过长时间的学校生活，对班级已经有了一定的认识，并且也基本了解了同学和自己在班级中的作用和意义。尽管他们已经初步有了证明自己能力和展现自我的意识，但他们的实际能力和想要展现的能力是不完全匹配的。选择自荐、自主竞选和民主推选相结合可以有效解决这个问题。

完成班干部选用的前期准备后，就可以正式开展班干部的选用活动了。班干部选用是一件正式、严肃的事情，因此班主任在开展活动时应注意正式感、仪式感和公平公正，规则制定后不得轻易改动，否则会降低权威性。

学思结合

王老师在班里宣布，将采取自主竞选的形式开展班干部的选用，有意愿参加竞选的同学需要准备好竞选词，所有同学竞选结束后，由同学们投票选出最终的班干部人选。可是这几天，班级中却出现了一些“静悄悄”的拉票活动。很多同学的铅笔盒里出现了新铅笔、新橡皮，还有几位想竞选班干部的同学的家长买了昂贵的巧克力，送给班里的每个同学。

“你一定要选我哦，这盒巧克力就送给你啦！”

“我和你关系这么好，上次我还教你题目了，你一定会选我吧？”

“把这些橡皮送给你的同学，帮自己拉拉票！”

……

班干部选用原则

请仔细阅读上面的案例，认真完成下列任务：

请你结合班干部选用原则，对这个班级在班干部竞选中出现的问题和情况进行思考，说一说竞选流程的不足之处和改进方法。

步骤 5 班干部聘任仪式和监督体系

班干部选用活动结束后，班干部队伍就组建起来了。在班干部队伍建立之初，班主任应再次对班干部的具体工作和职责进行详细分工和落实，避免产生空有名头、没有“正事”的班干部。此外，班干部的聘任仪式也不可缺少。这不仅是班干部队伍在班级面前的正式展示，也是仪式感的重要载体，能在无形中驱使班干部以身作则，提升班干部为班级服务的意识。此外，聘任仪式也能为班干部树立威信，有助于他们在后续工作中得到同学们的支持。

同时，班主任可以在聘任仪式上阐明班干部工作的监督方法。除了班干部内部监督、学生监督、老师监督之外，班干部应定期进行工作述职，总结班级存在的优缺点，并反馈自己的工作内容，公开接受同学们的监督。

学思结合

小学中高年级的班干部组建案例

新学期开始了，王老师成了四年级 8 班的新班主任。王老师在与原班主任进行沟通后了解到，班级学习成绩在全年级居中，学习氛围不浓厚，学生参与活动的积极性不高，班级凝聚力不强。班级中有一些班干部，但是他们平时并没有很好地发挥班干部的作用，很多班干部徒有其名，完全没有履行相应的职责。马上就要开学了，王老师应该如何组建班干部队伍呢?

首先，王老师采取一系列方法对班级进行了全面具体的了解。王老师再次和原班主任进行了详细沟通，了解了班级每位同学的大致情况，包括学生的性格特点、兴趣爱好和平时表现。重点了解了班级责任心强、有服务意识和自我管理能力的学生的情况，了解了现有班干部的能力。除了原班主任，王老师还询问了其他任课老师和同年级其他班主任对班级与学生的印象。新学期报到那天，王老师在自我介绍后，也请每位同学填写了一份“自我介绍书”。

很快就正式开学了。开学第一天，王老师宣布班干部将在三周之后进行重新竞选，每个人都有竞选的机会，在这之前班级管理任务由原班干部承担。王老师还召集原班干部召开了班干部会议，对每个人的工作进行了分工明确。此外，王老师开始在班级中任命小管家，从作业小管家到列队小管家、点灯小管家，班级中的38个人每人都承担了一份小管家的任务。一时间，四年级8班每个人都成了小管家，大家都忙碌起来。

三周很快过去了。在此期间，王老师一直默默留心观察班级中每一位学生的表现。哪些小管家工作认真负责，哪些班干部工作踏实，哪些学生有突出的特长和爱好，都被王老师看在眼里。班干部选拔开始前，王老师介绍了班干部队伍将由固定的班干部和轮流的小管家组成，同时每月的宣传阵地建设和各项班级活动将应时而变，由项目负责人及其团队来负责。王老师还介绍了每位班干部的职责以及小管家和项目负责人需要做的具体工作。同学们个个摩拳擦掌，放学回家就准备起了班干部竞选。

我是小管家任务分工

文明监督岗——监督课内课外同学们文明行为，文明用语，遵守校级班规。

电灯小管家——负责按时开关教室里的电灯。

窗户小管家——负责教室窗户的开关及根据需要使用窗帘。

新闻、天气小管家（2名学生）——负责每天向全班报道2～3条新闻，以及当地的天气预报。

列队小管家（2名学生）——站在队伍开头，负责为同学们列队进出教室及去学校其他地方做出表率和示范。

体育器材小管家（2名学生）——负责体育器材的收发、存放、记录等管理工作。

作业小管家（8名学生，每个小组一名）——负责收发小组成员的作业。

卫生小管家（8名学生，每个小组一名）——负责监督提醒小组成员的座位卫生以及桌面整洁。

学习小管家（8名学生，每个小组一名）——负责带领小组成员努力学习、积极进取，课间为组员答疑解惑。

班牌小管家——负责每天早晨将班牌领取到班级。

积分卡兑换员——负责兑换积分卡，需要公平公正。

领读小老师——负责每天领读，要求声音洪亮、熟悉课文。

眼保健操监督员——负责每天的眼保健操巡查。

广播小管家——负责及时开关小广播。

植物小管家（2名学生）——负责为植物浇水及日常看护。

图书小管家（2名学生）——负责管理班级图书和其他资料的借阅。图书管理员要经过培训，熟知借书卡编排和图书资料管理的知识。

待客小管家——负责接待来班级听课的老师，及时摆放凳子。

很快，班干部选拔会的时间到了。想要竞选班长和委员的学生上台发表了自己的竞选宣言，由其他学生无记名投票产生了若干名班干部。随后，王老师根据每个小组的情况和学生的特点，任命了小管家，小管家的工作将每月进行轮换，上任小管家需要指导下任小管家进行工作。最后，进行了本月宣传阵地建设负责人的招募，几名同学根据主题阐述了自己的设计创想，在王老师和同学们的讨论下，确定了其中一名同学为项目负责人，其他几名同学为组员，共同完成本月宣传阵地的建设。

选拔会的第二天，王老师在班级内进行了班干部聘任仪式。王老师再次重申了班干部的责任和义务，规定每 2 个月举行一次班干部述职会议，并且欢迎同学们在日常学习生活中监督班干部是否履行职责。每一位班干部都接受了王老师亲自颁发的徽章。

请仔细阅读上面的案例，认真完成下列任务：

（1）请你对王老师开展的班干部选拔工作进行分析。

（2）如果你是王老师，你会采用什么方法进行班干部选拔？

评　　价

请仔细阅读表 3-2 班干部选用方法 PTA 检核量表的评分标准，然后对照进行评价。

（1）根据表3-2所列标准对“学思结合”案例中王老师的班干部选拔过程进行评价。

（2）在自评和他评的基础上，进一步修改、完善或重新进行“学思结合”环节的案例思考。

（3）如果你是“引导案例”中的孙老师，你觉得自己在班干部选用上存在什么问题？思考你将如何进行班干部的选用。

表3-2　班干部选用方法PTA检核量表

评价指标	评分标准 （每条标准满分5分，取整打分， 重在厘清得分依据与扣分理由）	得分	
		自评	他评
A. 准确性	A1. 对班干部的重要性认识准确		
	A2. 对班干部选用的方法认识准确		
	A3. 对班干部选用的步骤了解准确		
B. 完整性	B1. 班干部选用的流程具有完整性		
	B2. 班干部选用的设计具有可操作性		
	B3. 班干部选用的方式具有合理性		
C. 灵活性	C1. 班干部选用的方法贴近实际情况		
	C2. 班干部选用的方法具有创造性		
	C3. 班干部选用的方法灵活机动		

任务二　培养班干部

目　　标

1. 通过案例学习，了解掌握班干部培养的方法。

2. 通过自主尝试、学习借鉴等，在班干部培养过程中能够合理任用、精心培养。设计一份班干部培养计划书，按照步骤培养班干部。

引导案例

班干部队伍的“混乱之风”

李老师带领的班级班风良好，学生自我管理能力较强，建立了良好的班级文化。三年级开学初期，由学生自由竞选，民主投票，班级选拔出了固定的班干部和一些小助理。李老师非常注重班干部的工作，一开始就对班干部的管理提出了严格要求，班干部的工作也在有条不紊地展开。在一次自修课上，李老师因为有事迟到了30分钟。当她匆匆赶到班级时，心里非常着急：一个老师都不在，班级肯定乱成一团了！但是，当李老师走进班级时，却没有听到一点声音。推门一看，讲台上有7名班干部在巡视，讲桌上放着一些被班干部没收的尺子、课外书，黑板上写着没有认真自习的学生名单，大部分同学正在座位上写作业。在这堂没有老师管理的自修课上，班干部把班级管理得很好，所有同学都在班干部的监督下自学。李老师为此感到很欣慰，觉得孩子们慢慢长大了，看来可以把管理自修课的任务转交给班干部们了。

又有一次自修课，李老师因故离开教室，离开前请班长在讲台上监督。但是没想到，这次当李老师回到教室时，教室里却闹得不可开交。班长和劳动委员发生了冲突，其他学生都在嬉笑起哄。李老师非常生气。原来，因为班长反复提醒劳动委员认真学习，但劳动委员不听劝告，于是班长公事公办把劳动委员的名字记录在了黑板上。劳动委员上前争辩，多次擦除自己的姓名，见此，多名班干部一拥而上，都想要去处理这件纷争，教室里陷入混乱……

美术课上，有同学偷偷看漫画书被发现，老师提醒两次后也没有改正，美术老师生气地没收了漫画书并转交给了李老师。李老师说："是哪个孩子这么不遵守纪律？我一定好好和他谈一谈！"美术老师有些无奈地告知李老师，偷看课外书屡教不改的正是文艺委员……

午间，李老师在教室批改作业，值日生正在打扫卫生。突然听到耳边传来劳动委员的声音："你会不会扫地啊？这里，这里，那里，通通给我重新扫干净！"听到这样的话语，李老师皱起了眉头。课间，热心的同学正在积极帮忙发作业，体育委员抢着说："你发什么发，我是体育委员，我先发！"学习委员听后，直接跳过面前排队帮忙的同学，优先把作业给了体育委员……李老师的眉头皱得更紧了。李老师意识到自己的班干部团队出现了问题。

为什么班干部团队会出现这样的问题？如何解决班干部上任后出现的这些问题？你有什么好办法？

准　　备

微课：班干部的培养（李方园）

班干部是班集体的核心，有时他们管理的效果甚至比班主任直接管理更为有效。通过班干部培养，可以为班干部的管理工作注入新的血液，提出新的要求。班干部应具备良好的思想道德素质、高尚的人文素质，以及良好的组织能力、沟通协调能力、决策能力、分析判断能力、创新能力、交往能力等。为了使班干部更好地开展班级管理工作，得到班内同学的支持，班主任可采用精心挑选、合理任用、定期培训、鼓励创新、不断肯定等方式培养出更多优秀的班干部，为打造良好的班风、塑造良好的班级形象、顺利开展各项班级活动、培养更多优秀人才奠定牢固的根基。

通过下面行动中的具体案例和班干部培养流程，运用所学的班干部培养方法和原则，合理培养班干部队伍，为良好的班级管理打好基础。

行动　合理培养班干部

步骤 1　注重班干部选拔，初步组建班干部队伍

班干部选用是班干部培养的基础和前提。学生是具有主观能动性的个体，每个人的个性特点、特长、素质都有所不同。在班干部选用前，班主任应告知

学生每个班干部岗位的职责和应具有的工作能力，让学生对班干部有具体的了解并结合自身加以考量。同时，班主任应强调班干部是为班集体服务的群体，应具有良好的思想道德素质和思想觉悟。此外，选拔班干部要遵循公开、透明、自愿等原则，结合多种方式，遵循民主选举，提倡服务意识，鼓励竞争上岗，从而调动学生的积极性，选拔出人事匹配的班干部队伍。

步骤 2 明确职责和分工，组织岗前培训

在经历公开、透明、自愿的班干部选用后，班主任在班干部职务划分时，应结合学生的性格特点和综合素质，以求实现个体的最大成长。例如，性格沉稳、有较强领导能力和自我管理能力的学生适合担任班长；做事细心、生活管理能力好的学生则适合担任生活委员。在班干部分工后，班主任应尽快召开班干部岗前培训会，清晰合理划分每个人的具体分工，并指导班干部开展工作，提高班干部对班级服务工作的自我效能感。

学思结合

四年级 8 班在进行班干部竞选后，共有 8 名同学获得同学们的支持，成为主要班干部成员。王老师根据每位班干部的意向和个性特点进行了职务划分：领导能力强的小吴担任班长一职；学习积极性强、在同学中颇受欢迎的小勒同学担任学习委员一职；擅长舞蹈与画画的小莫同学担任文艺委员一职；细心沉稳的小黄同学担任劳动委员一职……具体职责分工如表 3-3 所示。

表 3-3 各位班干部的职责分工

职务	人名	分工
班长	小吴	反映同学们的建议，安排管理好班级生活
副班长	小陈	协助班长工作
学习委员	小勒	营造班级良好的学习氛围
文艺委员	小莫	丰富班级同学的文艺生活
宣传委员	小叶	负责班级宣传阵地的建设
体育委员	小张	负责日常生活中的整队、体育课的整队
生活委员	小俞	关注同学在班级中的生活实践
劳动委员	小黄	监督每日值日生，开展班级卫生工作

在明确各班干部的职责分工后，王老师还组织了一场岗前培训，明确指出良好的班干部群体是同学的领导者和服务者，也是同学间关系的协调者和维系者，每位班干部应各司其职，积极履行自己的职责。此外，王老师还在班干部上任后的一个月内，具体指导了各位班干部的工作。

请仔细阅读上面的案例，认真完成下列任务：

（1）请你对王老师对班干部职责的分工进行分析。

（2）如果你是王老师，在班干部选举后，你会如何进行班干部职责分工？

步骤 3　结合班级工作，进行过程性指导

1. 每周值周班干部汇报制度

班干部队伍组建后，容易随着时间的变化而产生工作懈怠、工作推诿等现象。为均衡班干部职责和能力，调动每一位班干部的积极性和责任感，每周可以由一名班干部担任本周的值周班干部，来汇报总结本周班级发生的事情和班干部在组织班级活动中遇到的问题，并对班级一周表现进行回顾，总结得失。这样做既能够不断强化班干部为班级管理服务的意识，又能够提高班干部为班级服务的积极性。

学思结合

第 8 周值周班干部工作汇报表

本周值周班干部：小勒。

工作重点：关注同学们的学习习惯和听课纪律。

宣传主题：畅游文化海洋。

本周班级小结：本周工作重点是关注同学们的学习习惯和听课纪律。在学习习惯上，大家都努力做到认真读题、仔细圈画，但是还是有同学因为追

求速度而遗漏了题目中的关键信息。本周班级参加了学校足球赛，小张、小陈、小何、小李、小余代表班级参赛，顺利进入决赛。本周班级被评为最美文明班级，大家一起再接再厉。

本周班级好人好事：小黄和小梅两位同学帮助脚受伤的小虞同学打饭、背书包。

本周班级之星：小黄、小梅、小沈。

下一周努力方向：继续保持纪律文明，培养良好的学习习惯。

下一周工作重点：足球赛决赛。

请仔细阅读上面的案例，认真完成下列任务：

（1）你如何评价本周值周干部的工作汇报？

（2）如果你是班主任，你会如何完善值周干部工作汇报表？

2. 每月班干部例会制度

班干部培养要加强过程性指导，班干部例会是过程性指导的重要载体。定期召开班干部例会，让班干部们交流近期自己负责岗位上的情况和问题。通过沟通总结班级的整体情况，肯定近期做的优秀的地方，发现潜在的问题和需要提升之处，为下一阶段的工作指明重点。同时，结合学校及班级下一阶段的安排，提前规划下一阶段的工作内容，做到胸有成竹。

学思结合

四年级 8 班每月召开班干部例会，围绕“优秀班干部经验分享”“创新管理实践”“我是小小调解员”等主题，加强对班干部的思想教育，引导班干部形成正确的管理观念，提高班干部的管理能力，树立服务意识、主动意识、创造意识、合作意识，以此来提升班干部队伍的思想道德素质和实践能力。例会记录表如表 3-4 所示。

表 3-4　四年级 8 班班干部例会记录表

四年级 8 班 3 月班干部例会	
例会时间	2021 年 3 月 11 日
例会地点	二楼小会议室
与会人员	全体班干部
例会主题	奋进新学期
主要内容	1. 各班干部对上学期工作进行总结； 2. 确定本学期班级在德育、学习、体育、艺术、班级生活等方面的努力目标； 3. 讨论如何激发同学们的学习积极性； 4. 讨论本学期运动会、艺术节的相关工作，讨论班级活动的时间和活动流程
成效	效果良好，思维碰撞，讨论激烈

请仔细阅读上面的案例，认真完成下列任务：

（1）每月一次班干部例会有何作用？

（2）请你设计一次班干部例会的主题，拟定讨论事项。

3. 鼓励创新，锻炼能力

在班干部服务同学、组织班级互动、履行职责的过程中，班主任应鼓励班干部不断进取，积极创新，创新班级管理形式、管理方法，优化管理流程。

学思结合

王老师在班级中设置了8位小组长，主要负责收取小组作业，提醒组员注意教室卫生。小组长们每天都在认真完成工作，但是收取作业的效率较低，过程也比较混乱，小组长们对自己的工作缺乏整体性了解，缺乏过程性总结。为了让小组长们对自己的工作内容有清晰的了解，在王老师的建议下，他们开展了管理表格的创新活动。

活动开始前，小组长们和王老师一起进行了头脑风暴，大家积极发言，讨论了如何设计管理表格。之后，在班会课上小组长们纷纷展示了自己制作的管理表格，表3-5、表3-6、表3-7是其中的典型样例。

表3-5 作业和卫生情况记录表

作业未交	作业质量好	作业不认真	卫生不整洁	卫生整洁

表3-6 问题管理表

出现的问题	解决办法	成效

表3-7 学生情况记录表

同学	作业上交情况	作业质量	卫生情况	综合表现
同学1				
同学2				
同学3				
同学4				
同学5				

王老师对小组长们的创新管理方法进行了肯定，同学们对小组长们提出的管理表格进行点评，选出最佳的两种方法开始实践，进一步检验管理表格的实用性。

请仔细阅读上面的案例，认真完成下列任务：

（1）请你从班干部培养的角度说一说，分小组进行管理表格的创新有什么好处？

（2）你觉得哪种管理表格更有效？你能设计出更具操作性的管理表格吗？

步骤 4 班干部轮岗制度

班干部轮岗制度也是培养班干部的重要途径。班干部轮岗制度，就是以制度的形式规定班干部岗位的任职期限，任职期限结束后，与其他班干部进行岗位轮换，从而促进班干部更为全面的发展。但是在班干部轮岗的过程中，要注意以下几个问题：第一，班干部轮岗首先要建立在原有班干部队伍已经非常成熟、默契的基础上。这也意味着班干部已经对自己负责的岗位非常熟悉，在这一方面的素质已经得到了充分的锻炼，并且已经准备好进入新的领域进行学习。第二，班干部轮岗要遵循学生的意愿，是否进行轮岗，与什么岗位进行轮换，都要尊重学生的想法。第三，班干部轮岗要坚持“以生为本”的思想，不能把班干部轮岗作为剔除不合格班干部的机会，应把学生的全面发展放在首位。第四，班干部轮岗后，应安排原岗位班干部指导新上任班干部如何做好工作，实现“师傅”带“徒弟”。

学思结合

四年级 8 班的“我是小管家”制度已经执行一个月了，所有学生都已熟悉自己所负责的任务。为了使小管家能够得到全面的发展，王老师请班长组织小管家岗位轮换。原先的植物小管家和图书小管家进行互换，列队小管家和卫生小管家进行互换等。

但是，岗位轮换两周后，有同学发现班级中的向日葵枯黄，病恹恹的；图书角的课外书数量明显减少；班级整队时纪律明显不如以往……

王老师召集班长以及几位相关的小管家进行询问，才发现大家在岗位轮换后对自己新负责的领域并不清楚：新的植物小管家不清楚自己应该多久浇一次水；新的图书小管家虽然每日会进行图书整理，但是忽略了提醒同学们归还图书；新的列队小管家不知道怎么整队……

请仔细阅读上面的案例，认真完成下列任务：

（1）请你结合班干部培养方法，对王老师班中班干部轮岗中出现的问题进行思考，说一说班干部轮岗流程中的不足之处。

（2）如果你是王老师，你会怎样开展班干部轮岗工作？

步骤 5 沟通处理突发事件，构建和谐班集体

在班级管理的过程中，往往会有突发情况产生。班干部在工作中，难免会遇到一些挫折和困难，也有可能受到一些误解、讽刺和挖苦，处理不当和犯错也是常有的事。这时班主任就要及时地找班干部谈心，了解事情的始末，公平公正地处理问题。不偏袒班干部，但也要注意维护班干部的权威性，最好采取一对一交流沟通的方法。同时，肯定他们的工作成绩、能力，解开他们心中的烦恼，给他们勇气，激发他们战胜困难的勇气，鼓舞他们的斗志，并指导他们学习正确的工作方法。

学思结合

排不起来的舞蹈

小莫是四年级 8 班的文艺委员，她擅长跳舞，从小就学习舞蹈，班级和学校的文艺舞台上总少不了她的身影。学校艺术节即将来临，每个班级都要出一

个节目，考虑到小莫的舞蹈特长，班主任王老师将编排舞蹈的任务交给了小莫。小莫接受任务时非常激动，信誓旦旦地向王老师保证出色完成任务。但是小莫却随便地思考了一下舞蹈编排，便开始着手舞蹈排练。一开始，大家对小莫编排的舞蹈非常感兴趣，都想要加入表演，但是小莫却只挑选了几位平时和自己关系很好的女生加入。舞蹈排练开始了，排练进程却一直进行不下去，没过几天，这几位女生也动了退出的念头。原来，小莫对舞蹈根本没有明确的设计，今天是一个花样，明天又是另一个花样。大家还发现，在舞蹈编排中，小莫一直把自己设置为主角，其他同学只是背景和衬托。一时间，小莫陷入了两难。

首先，王老师找到小莫和她进行了耐心的沟通，肯定了她在文艺活动上的闪光点，对她为班级付出的努力进行鼓励。在给予鼓励和肯定中，慢慢打开小莫的心扉，和小莫进行深入的交流，了解小莫最近工作上出现的问题。在了解完问题后，和她一起分析原因。小莫在组织班级文艺活动时，首先，缺乏具体、详尽的准备，致使工作无法落实到位。其次，作为项目负责人，小莫在招募组员时个人喜好偏向性过强，忽视了公平公正。最后，班干部是班级的服务者，应当牢牢树立服务意识，而不能以自我为中心，把班级活动当成个人的秀场。在王老师的帮助下，小莫也明白了自己工作陷入困境的原因。

在王老师的帮助下，小莫向之前想要参加舞蹈表演的同学道了歉，并根据大家的舞蹈基础和积极性，重新进行了队员的选拔。队员招募完成后，小莫和队员们一起讨论了班级艺术节表演的构思和安排，大家畅所欲言，最后一起定下整体方案，由小莫和另一名爱好舞蹈的同学进行细节构思，形成了第一稿方案。队员们又针对第一稿方案提出建议，并进行修改，形成第二稿方案。方案大体确定后，小莫和队员们开始了有序的排练。作为队伍中舞蹈基础最扎实的成员，小莫在排练过程中积极帮助其他队员，反复演示动作，和大家一起辛勤训练。

功夫不负有心人，在学校的文艺汇演中，四年级 8 班的节目获得了一致好评，大家都为代表班级参加表演的同学们喝彩，一起参加舞蹈表演的同学们也非常兴奋，大家成了亲密的好朋友。艺术节后，王老师还表彰了参加表演的同学们，并请小莫分享了整个活动的心得体会。

请仔细阅读上面的案例，认真完成下列任务：

（1）对案例中王老师的班干部培养方式进行评价。

（2）如果你是王老师，你会用何种方式来解决小莫工作中的问题？

步骤 6 促进班干部进步，实现多元化的评价

就评价的主体而言，应该注意多元化与广泛化，例如：在班会上，同学参与评价，对班干部提出表扬与批评；班干部可以结合自评与他评，进行反思记录。评价的方式与标准可以从工作完成情况、工作态度等方面切入。

1. 日常监督，共同进步

在班级日常学习生活中，形成良好的舆论氛围，欢迎所有同学监督班干部的工作和表现。监督可以采用“悄悄话信箱”、当面建议等形式进行。班干部要虚心接纳，做到有则改之无则加勉，不断加强服务意识。

2. 定期述职，接受检验

建立班干部定期考核制度和定期述职制度，综合自评与他评。在述职大会上，班干部向同学们汇报这一时期自己在工作上的得失，以及今后的工作方向等，接受同学们的评议。

学思结合

四年级 8 班正在班主任王老师的带领下召开两月一次的班干部述职大会。会议上，班干部们依次上台总结近两个月自己工作的得失和以后努力的方向。同时，同学们可以提问和提出建议。述职结束后，每一位班干部对自己的工作进行了打分，同学们也为每位班干部进行打分和点评。自评和他评结束后，王老师也对班干部的表现进行了点评。会后，班干部们结合述职大会上收到的评价，进行了反思和思考，班级又充满了新的活力。

请仔细阅读上面的案例，认真完成下列任务：

（1）你觉得班干部述职大会在班干部培养的过程中能起到什么作用？

（2）如果你是王老师，你会如何对班干部述职环节进行优化？

总之，班干部的培养，是为了使班级成为一个充满活力的集体，相互监督，相互帮助，把班级建设成为有正气、积极向上的整体，为同学们创造一个良好的学习情境和氛围，落实对学生的素质教育。为了提高全体同学的素质，作为班主任老师，不仅要具有调查、思考、创造、组织、宣传的能力，而且要目中有人，心中有情，口中有理，手中有法。

评　　价

请仔细阅读表 3-8 班干部培养 PTA 检核量表的评分标准，然后对照回答后面的问题。

（1）请你在本单元选择一个案例进行评价，并将结果填写在表 3-8 中。

（2）如果你是“引导案例”中的李老师，面对班干部队伍中出现的问题，你会如何解决？你会如何进行班干部培养？

表 3-8　班干部培养 PTA 检核量表

评价指标	评分标准（每条标准满分 5 分，取整打分，重在厘清得分依据与扣分理由）	得分	
		自评	他评
A. 准确性	A1. 了解班干部培养的重要性		
	A2. 对班干部培养原则认识准确		
	A3. 对班干部培养方法认识准确		
B. 有效性	B1. 班干部培养方案能够培养班干部的领导力		
	B2. 班干部培养方案能够培养班干部的团队合作能力		
	B3. 班干部培养方案能够培养班干部的服务意识		

续表

评价指标	评分标准（每条标准满分 5 分，取整打分，重在厘清得分依据与扣分理由）	得分	
		自评	他评
C. 多元化	C1. 班干部培养方案贴近实际情况		
	C2. 班干部培养方案具有新颖性		
	C3. 班干部培养方案多元化		

本单元小结

班干部是在班级或者学校的各种活动中承担一种或多种职务的学生，他们要在班级里履行相应的权利、责任和义务，班干部是在班级中具有一定领导力和服务意识的学生。

班干部的组织形式有相对稳定式、灵活轮流式和项目负责式。班主任可以进行前期调查和日常观察，基于班级的组建情况和学生的特点来明确班干部的组织形式，并且明确班干部的分工和责任。同时，正式选用班干部之前，需要确定班干部选用的办法，选用活动结束后，也要及时开展班干部聘任仪式并建立监督体系，以使班级活动更好地开展。

班干部在班级组织建设中起着重要作用。一支优秀、功能完备的班干部队伍是一个班集体的坚强核心，在班级管理中发挥着极其重要的作用。在日常班级管理过程中，班干部的培养是不可缺少的一环。班主任要注重班干部选拔，组建优秀的班干部队伍，同时明确班干部职责和分工，进行岗前培训。此外，班主任要结合班级工作，进行过程性指导，及时解决班干部群体中的矛盾和冲突，确保班级活动有序进行。在班干部组织成熟的基础上，可以进行班干部轮岗，促进班干部的全面发展。为了促进班干部群体不断进步，可以通过日常监督和定期述职来实现多元化评价。

活动体验

班级作为学校教育制度体系中基本的教育单位和组织形式，与学生的成长发展关系密切。请结合自己曾经或将要进行见习、实习的班级情况，进行班干部组织调查，了解学生对班干部的满意程度和班干部对自身责任的认识程度，思考该班级组织形式的出发点，观察该班级的班干部的培养和任用方法，从中学习班级组织管理经验，提出自己的建议。

反思与探究

班干部这一角色是老师和同学沟通的纽带，辅助教师做好班级管理工作也是班干部自我管理能力得以展现的契机。和传统班级中班干部充当老师的“传声筒”“小眼睛”不同，班干部是学生的代言人，要反映同学们的呼声和困扰，并发挥自身的领导力和组织能力，丰富班集体的生活与学习，带领班级同学共同实现班级的成长。但是，一个班级的班干部数量有限，为了促进学生各方面素养的提升，你会如何解决多数学生缺乏班干部经历的问题呢？结合前面所学，谈谈你的想法，并阐述你这样做的理由。

推荐阅读

1. 吴志樵，刘延庆. 班干部的管理学问［M］. 合肥：安徽人民出版社，2012.

2. 彭漾. 小学班干部角色定位从管理到服务的转型［J］. 教学与管理，2023（30）：56–59.

3. 刘丽君. 班干部轮换制度浅析［J］. 教书育人，2023（17）：50–52.

单元四

建立班级常规

【学习目标】

通过本单元的学习与训练，你能够：

1. 正确认识班级常规的意义，理解制定班级常规的基本原则。
2. 根据学生的年龄特点及学科特点制定班级常规。
3. 熟悉班级常规教导的过程，具有解决班级常规实施过程中出现的问题的能力。

任务一　制定班级常规

目　　标

1. 通过案例评析形成对班级常规的正确认识，对班级常规制定的基本原则作出全面、有深度的解读。

2. 通过深度思考和交流讨论，熟悉班级常规制定的步骤，并在掌握班级常规基本原则的基础上制定共享、公正、正面的班级常规。

引导案例

难以执行的班级常规

微课：制定班级常规（於文赞）

刚开学，初二年级5班的王老师就组建了新的班干部队伍，并根据网上找到的班级常规（简称班规）资料，结合学校和班级的情况制定了自己班的班规。这份班规非常详尽，涉及学校生活的方方面面。看着长达3 500字的班规，王老师心中很满意，觉得这下班级可以井然有序了。下面是班规的部分内容。

原　　则

一、班干部

1. 多表扬，少批评，发现同学的亮点。

2. 根据不同同学的情况和不同的场合去判断是否批评，是否表扬。

3. 批评同学应尽量态度平和。

4. 必须接受同学们的监督。对徇私舞弊、公报私仇、针对个人者，执行不严格者，一经核实，罚班级印章，并向有关同学道歉。此项由同学们上报，监督委员整理，并由班主任执行。

5. 值日班长不得徇私舞弊、公报私仇、针对个人。相关不当情况由同学们上报，监督委员整理，核实后该生不得再当值日班长。

二、所有同学

1. 一切以班规为上。若发现班规不合理、有遗漏之处，以及班干部和各负责人在执行中有不当之处，可以向监督委员反映，监督委员整理后及时反映给班主任。

2. 老师不在时由班长负责，所有情况上报班长，先由班长处理。处理后，班长将事情与处理方式上报给班主任。遇到处理不了、有同学受伤或者其他紧急情况，可以到办公室用电话联系班主任。

3. 少数服从多数，多数尊重少数。

4. 拍手四次仍旧不回应，不安静，则全班静坐5分钟，由纪律委员监督。

三、班主任

1. 尽量做到不主观武断，若错批评同学一次，在班上讲一个故事。此项由班长监督。

2. 不得未经同学同意而占用其他课堂，违反就要在班上讲一个故事。此项由班长和监督委员监督。

3. 上课不得无故迟到（第二段上课音乐结束为准），违反就要在班上讲一个故事。此项由班长和监督委员监督。

4. 按时下课，特殊情况拖堂不得超过一分钟，违反就要在班上讲一个故事。此项由班长和监督委员监督。

5. 批评同学应尽量态度平和，不得对同学们大发雷霆。如果情况严重，允许严肃教育，但一周不得超过三次，超过一次讲一个故事。此项由班长和监督委员监督。

细则（午餐部分）

1. 吃饭前要洗手，没主动洗手的同学在被要求洗完手后再扣一张班徽。此项由值日班长负责。

2. 吃饭拿饭盒、排队打饭时，不争抢，不插队，不围观，不讲话，发现一次扣一张班徽。此项由值日班长负责。

3. 食不言，寝不语。吃饭时做到绝对安静，不可以离开座位，有突发状况可举手报告值日班长。吃饭时讲话则静坐一分钟，如一天提醒两次仍旧未改正，则抄此条班规十次，抄完再吃饭。此项由值日班长负责。

4. 不吃饭、挑食、浪费食物者，扣一张班徽。此项由值日班长负责。

可是事与愿违，很快问题就暴露了出来。班级午休现场可以说是“兵荒马乱”，尽管每个人都在自己的岗位上，但是午休纪律依旧很差，远没有达到王老师想要的效果。于是他又根据情况修改了班规，增加了惩罚的力度。严厉惩罚的震慑效果立竿见影，接下来的两三天午休，同学们都比较安静有序，王老师很满意。

可是好景不长，午餐时开始出现学生不洗手就用餐的情况，个别学生为了早点盛饭菜跑着抢队伍中靠前的位置，还出现学生挑食，扔掉肥肉、蔬菜等菜品的情况，王老师开始反思班级常规的问题出在哪里。

请你帮助上述案例中的王老师，分析他制定的班级常规中存在的问题并进行改进。

准　　备

班主任最重要的工作，除了教导学生学习外，就是执行班级常规。班级常规是指学生在班级生活中应该知道的，而且应该遵守的常规。班级常规是教师和学生共同适当地处理班级中人、事、物等因素，使班级成为适合学习的环境，从而达成教学目的的一套常规。它可分为规则和程序两种。

班级常规与教学是分不开的，建立班级常规的主要目的在于维持良好的班级秩序，使教学能顺利进行，提升学生的学习效果。制定良好的班级常规能营造一个适当和谐的学习环境，有利于良好师生关系的建立，使教师的教学更加得心应手，从而促进学生的成长。

教师要抓住合适的时机制定班级常规，最好是在开学第一天或第一次授课前。制定班级常规时应尽量由师生共同参与，所制定的班级常规必须是合情合理的、必要的，也应是具体的、简明扼要的。班级常规制定之后应“明文公布”。

通过学习和思考下面的行动步骤，根据班级常规制定的原则和方法合理地制定班级常规。

行动　合理制定班级常规

步骤 1　组织班会，认识班级常规

学生习惯学校生活后，对班级和学校有强烈的主人翁意识，规则意识初步形成，但是没有形成体系。教师可以利用主题班会课，引导学生正确认识班级常规，并了解学生心中最重要或者最基本的班级常规。

以主题为“我们的班级常规”的班会课为例，教师根据感受规则→遵守规则→讨论规则的步骤，引导学生发现规则的美，感受规则的美。首先，教师引导学生观察数字组 15165564342312 和 11556654433221，引出本课的主题：数字

因为有了规则而变得有序，班级也可以因为规则而变得有序。其次，教师引导学生讨论象棋比赛规则的必要性，发现象棋比赛中的规则不仅没有限制棋手的发挥，反而为棋手发挥水平提供了一个公平的环境。通过班会课，学生了解到规则的意义。

在认识了规则及其意义后，学生针对过马路等红灯和超市排队两个案例进行小组讨论，得出结论：如果人人都遵守规则，我们的生活将是自由而和谐的，所以我们都要遵守规则。接着，学生自行讨论在学校里如果每个人遵守哪些方面的规则就可以让班级变得井然有序，最终列出名为“我们的约定”的班级常规思路。

这样设计的班会课，可以激发学生讨论班级常规的热情，同时提高学生对班级常规的认同感，将一板一眼的班级常规变成有温度的“我们的约定”，让每一个学生都感到自己在班级中的重要性，增强班级的凝聚力。

步骤 2　搜集资料，了解需求

班级常规的建立应从一味地强调管理的成人视角，转变为自我教育、自主管理、注重民主参与的学生视角。不能将学生简单地视作班级常规的执行者或成人世界的规训对象，学生不仅仅是受教育者，还是自己学校生活的参与者和建设者。

在明白了什么是班级常规，为什么班级需要班级常规后，学生要根据自己的需求和班级的需求列出自己认为最重要的 10 条班级常规，并以小组为单位讨论具体的内容，再尝试将其简化为可以朗朗上口的口诀。在班会课后，班干部和班主任经过整理、合并和删减后，列出了从整体、出操、上课等七个角度出发的“我们的约定”。

我们的约定（整理稿）

（优雅）整体：
积极向上思想雅，主动问好举止雅；
你好谢谢言语雅，互帮互助情谊雅。
（整齐）出操：
集会排队快静齐，秩序井然不拥挤；
周一升旗要肃静，做操动作要到位。
（纪律）上课：
预备铃响准备好，学习用品不能少；
积极发言勤思考，遵守纪律最重要。
（高效）作业：
自己作业独立做，字迹工整写端正；
及时完成按时交，保质保量效率高。

（文明）课间：
不追逐来不打闹，脚步轻轻不抢道；
上下楼梯不跑跳，文明休息不喧闹。
（礼貌）礼仪：
按时到校不迟到，不说粗话和打架；
待人接物礼在前，穿着整洁又大方。
（有序）用餐：
排队盛饭有秩序，剩菜剩饭不乱倒；
爱惜粮食不挑剔，吃完餐具放整齐。

学思结合

请你结合制定班级常规的原则，分析“我们的约定（整理稿）”中存在哪些不足。你会如何修改呢？

步骤 3 草拟初稿，讨论修改

在整理学生对班级常规的意见后，班主任应该结合学校理念、学生心理发展的特点再次召开班会课，带领全体学生修改班级常规的整理稿，形成班级常规的初稿。

首先，要结合学校的教学理念与管理章程，以及学生实际修改班级常规。有了理念的引领，班级常规的制定与执行才能有规可循。

例如，某学校以“三生教育（生命、生长、生态）”为办学理念，办学目标是“办智慧学校，做三生教育，育最美少年”。学校以培养具备“优雅生命、自由思想、社会担当、文化教养、品质创新”素养的学生为核心，以树立教师“正确的教育价值观、良好的个人素养、深厚的专业素养、高效的教学能力”为保障，保护和培养每一位学生的学习兴趣，充分调动每一位学生的学习积极性，开发和培育每一位学生的学习潜能和特长，让每一位学生都能愉快学习、幸福成长。

那么，该校班级常规的制定不仅仅要为了提高学生的成绩或者是维护班级的纪律，更要着眼于培养一个完整的“人”。教师可以在班会课上播放学校的介绍视频，带领学生了解学校的教学理念，与学生讨论如何做到“优雅的生命”，并补充进班级常规。接着，教师向学生展示学校的优秀毕业生：他们有的在体育场上大展身姿，有的在舞台上一展歌喉，等等。让学生明白，班级常规不仅仅是课堂上的纪律，培养努力、多才多艺的优雅生命也是班级常规的目的之一。

其次，班级常规要符合学生的心理发展特点。此次班级常规的执行者是初中二年级的学生，初中生正值身心骤变时期，心理学上也叫“心理断乳期”。这一时期学生表现出叛逆、盲目追求平等、易受外界影响、情绪情感偏激、易激动暴躁、凭感情行事等特点，但同时又具有可塑性大、主动尝试、追求独立等特点。这些为班级常规的集体讨论与修改提供了指引。

最后，教师与班干部根据课堂上的讨论，对班级常规整理稿进行删减、补充与合并，形成班级常规初稿。

我们的约定（初稿）

1. 做一个优雅的人。
2. 尊重同学，与同学相处要友善。
3. 主动承担自己的责任。
4. 当天作业当天认真完成。
5. 吃饭不剩饭。
6. 不踩小花园里的草坪。

学思结合

请你结合制定班级常规的原则，对比“我们的约定”的整理稿和初稿，说一说初稿相对整理稿的改进之处，以及初稿仍存在的不足之处。

步骤 4　三次公示，形成定稿

班级常规初稿的“三次公示”是必不可少的：在班级公示，了解学生意见，再进行补充修改，使班级常规来于学生，流行于学生；向家长公示，了解家长意见，同时获得家庭教育的配合；在学校公示，结合学校规章制度和办学理念，获得学校的支持。经过公示和修改后，最终形成班级常规定稿（如图 4－1 所示）。

图 4－1　班级常规定稿

为了引导学生提高遵守班级常规的意识，班主任可以组织学生每日查看、背诵和自省。同时，班主任需要根据班级的发展情况随时对班级常规进行调整，以更好地适应学生与班集体的需要。

学思结合

某班班级常规“议事”记录

开学一个月以来，班级课间纪律欠佳。于是班主任召集班干部，一起讨论他们最近在处理班级事务时遇到的困难，同时讨论本周班会课的安排。

下午的班会课轮到副班长主持，他首先提出班级目前存在的主要问题为课间不文明打闹，班级卫生不佳，并提出了处理意见，即补充新班级常规。接下来全班同学开始举手发言，提出自己的意见与想法。学生小玲建议在班级常规中增加惩罚内容，例如如果再出现课间打闹，就每天早上在教室门口向同学们鞠躬问好，时间为一周。学生小程也补充，让乱丢垃圾的同学放学留下来打扫卫生，感受打扫教室的辛苦。副班长则补充，如果只有惩罚会让班级常规很无聊，可以给发明课间游戏的学生奖励积分，给主动打扫和主动捡垃圾的学生减少值日次数。

显然，同学们已经可以明白在学校里什么应该做，什么不应该做，并且可以根据班级存在的问题提出约束自己的好点子，他们才是班级的主人，才是班级常规的制定者。

负责记录的学习委员将最终讨论的结果记录下来。班会后，班干部再开会，进行班级常规制定的后续步骤。

请仔细阅读上面的案例，完成下列任务：

（1）对案例中的班级常规修改的过程进行评价。

（2）如果你是班主任，你会如何组织班级常规的制定和修改？

学思结合

做笔记的班级常规

刚入职的周老师，被任命为三年级1班的班主任，她立志要在班级里施展自己的教育抱负。作为语文老师，周老师非常注重班级学生的语文学习习惯。可是周老师发现，班级里大概有三分之二的学生的语文学习习惯需要改进。例如，大部分学生没有预习的习惯，大大降低了班级学习新课的效率；大部分学生也没有及时订正作业的习惯，拿到老师批改的作业后，习惯性地先把作业藏进书包和抽屉里，而不是及时订正。看着学生们语文书上乱七八糟、五颜六色的笔记，周老师下定决心必须要利用班主任的身份好好制定班级常规，整整同学们的学习习惯。于是，周老师制定了一条班级常规：只能用黑色钢笔做笔记。

请仔细阅读上面的案例，小组合作，认真完成下列任务：

（1）评价案例中班级常规的制定。

（2）如果你是周老师，针对案例中班级存在的问题，你将如何制定班级常规？

评　价

请仔细阅读表4-1制定班级常规PTA检核量表中的评分标准，然后对照进行评价。

（1）请对你在“学思结合”环节制定的班级常规进行自评与他评，并将结果填写在表4-1中。

（2）根据表4-1，进一步修改和完善“学思结合”环节的案例思考。

表4-1 制定班级常规PTA检核量表

评价指标	评分标准 （每条标准满分5分， 取整打分，重在厘清得分依据与扣分理由）	得分	
		自评	他评
A. 合理制定	A1. 班级常规是正面的，用提倡式语言代替限制性的措施		
	A2. 班级常规的内容和语言风格符合学生的年龄特点		
	A3. 班级内学生理解每一条班级常规的含义		
	A4. 学生对班级常规感兴趣，愿意去执行		
B. 共同制定	B1. 班级常规制定过程中，调动全班学生说出自己的观点		
	B2. 全班学生共同确立正式的班级常规		
C. 及早制定	C. 开学初（开学第一天或者第一次授课前）就要制定好班级常规		
D. 先具体后概括	D1. 低年级的班级常规以具体的行为叙述为主，高年级的班级常规可以有部分概括性的品质叙述		
	D2. 班级常规数量为5～9条		

任务二 教导班级常规

目 标

1. 通过深度思考、案例评析形成对教导班级常规的正确认识，能对班级常规制定的基本原则作出全面、有深度的解读。

2. 通过案例学习、自主尝试和交流讨论，熟悉班级常规教导的过程，能针对班规实施过程中学生的执行问题进行耐心处理和教导。

引导案例

“迟到钉子户”

一年级刚入学，朱老师就和班级中的学生们一起制定了详细而严格的班级常规。一年级下学期的一天，小吴同学迟到了，依据班级常规，朱老师要惩罚他抄写课文。可是小吴同学说他迟到是因为妈妈的电瓶车在路上坏了。朱老师考虑到情况特殊，于是没有进行惩罚。第二天，小吴同学又迟到了，他跟朱老师说这次是因为路上堵车。朱老师将信将疑，还是惩罚他抄写了一篇短课文，并口头提醒：“下次再迟到，就要让家长来学校。”过了几天，小吴同学再次迟到，这次他说是因为弟弟不小心摔了。朱老师联系家长了解情况后发现，小吴在撒谎，其实是他早上起床拖拉导致的迟到。于是朱老师继续罚小吴抄写课文。

学生逐渐熟悉学校生活和班主任后，班级在执行班级常规过程中逐渐出现了问题，像这样类似的情况开始频繁发生。在朱老师批评、惩罚学生违反纪律的时候，有的学生用撒谎躲避惩罚。他没有别的方法应对，只能采取更严重的惩罚方法来防止学生违规，但是效果并不佳。

对于以上案例，你认为朱老师在执行班级常规时存在什么问题？你觉得可以如何改进？

准　　备

班级常规制定后，必须经过教师的教导和学生的认同和习得之后，才能转化为学生的习惯，才能转变成学生自觉的行动。教师应注意及时教导，按照先简后繁的顺序有计划、系统地重复演练。教导时应根据学生的特点，采取角色扮演、符号、口号、童谣、小报等形式向学生说明班级常规的内容，给学生提供示范与练习的机会，并进行反馈和监督。班级常规执行的过程中，教师还应注意为学生提供支持性的班级环境，让学生沉浸于教学活动之中，建立奖惩制度，并且以身作则、公平一致地加以贯彻执行。

如果学生对班级常规认同感低，教师可以通过不同方式、从不同角度进行班级常规教导，激发学生遵守班级常规的兴趣，直至学生将班级常规转化为自身的行为。现以守时的班级常规为例，帮助朱老师引导小吴同学改掉迟到习惯。

行动　循序渐进，教导守时的班级常规

步骤 1　认识时间，强调守时的班级常规

微课：教导班级常规（於文赞）

面对时间观念薄弱的学生，教师可以根据学生心理特点设置不同的方法。教导低年级学生时，教师可以用童话故事将时间拟人化，引导学生感受时间的流逝，体会时间的珍贵。教导中高年级学生时，教师可以通过游戏把时间具象化，运用“时间馅饼”的游戏，引导学生具体、客观、系统地分析自己的时间分配，从而检查自己在时间分配上存在的问题。将学生分成若干小组，每人在“时间馅饼”上填写自己每天完成各个事项所需要花费的时间，再在小组内报告自己的时间分配表，比较自己与他人的不同。最后小组成员一起讨论哪些事项所用的时间是合理的，哪些是不合理的，然后绘制一张理想的“时间馅饼”。

在明确守时的重要性后，教师再出示班级针对迟到的班级常规，这样学生会对这一班级常规的目的有更深的理解，也会有更高的执行力。

步骤 2　订立契约，设计守时符号

教师以身作则对具有向师性的学生而言有着巨大的影响。在学生理解班级常规后，教师需要与学生一起遵守班级常规，做到班级常规面前人人平等。

教师可以选择在某一节课扮演一个“上课迟到”的人，让学生讨论如何按照班级常规处理。接着，教师可以在班级的时钟面前与学生一起签订守护契约，约定珍惜时间，绝不迟到，同时，师生可以一起设计守时符号（如图 4-2），张贴在班级常规旁边，用吸引人的图案强调守时的班级常规。

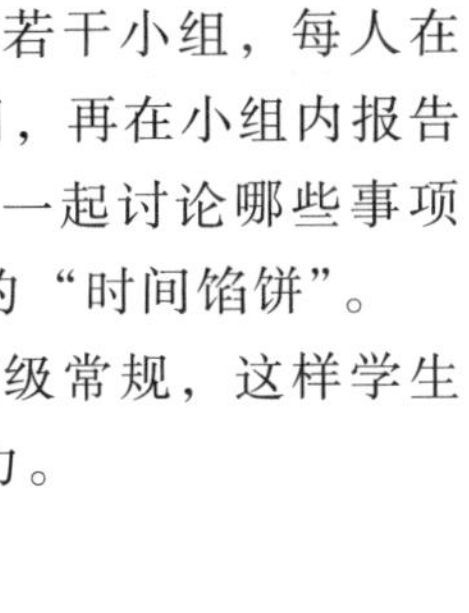

图 4-2　守时符号

在对全体同学进行守时班级常规教导后，教师还可以与小吴设立特殊的个体契约。针对小吴的迟到问题，班主任可以在与之商量后确定一些由易到难的契约条款，例如，先约定明日不迟到，再约定一周不迟到，最后约定一个学期不迟到，帮助小吴逐渐养成守时的好习惯。

步骤 3　鼓励并行，激发守时兴趣

学生的成长是螺旋式上升的，在执行班级常规的过程中，学生必然会出现“试探性犯错”，此时班主任需要将班级常规执行到底，同时设立班级常规的奖励制度，帮助学生成长。

奖励制度可以分为个人奖励制度、小组奖励制度和班级奖励制度。

个人奖励制度是针对学生个体对班级常规执行情况的奖励。表 4-2 展示了一个例子。

表 4-2　“芙蕖”中队的三级奖励制度

奖励级别	种类	兑换规则
一级芙蕖班徽		
二级芙蕖印章		10 张班徽可兑换 1 枚印章
三级上墙芙蕖		10 枚印章可兑换 1 朵芙蕖
芙蕖志愿章 （家长）		1. 每次活动，两种感谢； 2. 每次奖励，两种用途：芙蕖优秀家长、评奖挂钩

“三级奖励制度”的最大动力在于，把学生在校需要遵守的规章制度、雅行礼仪变得像游戏一样可以升级，刺激学生更主动地达到班级常规要求。而每周一次的抽奖兑换，让遵守班级常规的学生体验到成功的喜悦，让没有遵守班级常规的学生学会反思，得到成长。

小组奖励制度和班级奖励制度是集体奖励，激发学生互助，互相督促遵守班级常规。

例如，实行“班级温度计”制度，如果在课堂上班级整体遵守班级常规，任课老师便可在相应的课程旁贴上一枚红星。等“班级温度计”的红星累积到一定数额时，班级可以集体获得一个故事或者一次户外活动的奖励。班级可以设立专门的“班级温度计”管理员，负责提醒老师、计算红星总数，询问任课老师没有贴红星的原因，以便在下一节课中改进。

学思结合

二（13）芙蕖班奖励制度

一、奖励兑换

奖励兑换如表 4-3 所示。

表 4-3　奖励兑换

兑换	价格	兑换	价格	兑换	价格
选音乐卡	2 枚印章	午餐优先 1 次	3 枚印章	推荐书籍借阅 1 次	2 朵芙蕖
队头卡	2 枚印章	写表扬信	5 枚印章	电话表扬 1 次	3 朵芙蕖
借粉笔券	2 枚印章	朋友午餐券	5 枚印章	食堂吃饭卡 1 次	3 朵芙蕖、成绩 95 分及以上
粉笔画券	2 枚印章	和老师合照卡	5 枚印章	老师请客卡	4 朵芙蕖
免抄作业 1 次	2 枚印章	借书回家券	1 朵芙蕖	万能愿望卡	4 朵芙蕖
免罚卡 1 次	2 枚印章	带零食卡	1 朵芙蕖	家里做客卡	4 朵芙蕖
免生气卡 1 次	2 枚印章	吹泡泡卡	1 朵芙蕖		
作品展示卡 1 次	2 枚印章	领流动红旗	2 朵芙蕖		

二、奖励制度

（一）小组奖励制度

1. 每周每个小组选出一位得红星最多的组员和一位进步最大的组员，由班长进行表彰：得红星最多的组员获得 2 枚印章，进步最大的组员获得 1 枚印章。

2. 书法比赛、阅读升级等活动获得表扬的小组可以获得 1 枚印章。

（二）班级奖励制度

1. 班级获得流动红旗，则奖励全班户外活动一次。

2. 班级一周获得 40 颗红星，则奖励全班户外活动一次。

请仔细阅读上面的案例，认真完成下列任务：

（1）请对二（13）芙蕖班的奖励制度进行评价，并进行小组交流。

（2）请根据初中生（或高中生）的学情特点，设计适合初中生（或高中生）的奖励制度。

步骤 4　家校合作，养成守时习惯

一个守时的好习惯会影响学生的一生，而习惯养成的过程必然需要家庭和学校的配合。“引导案例”中的班主任可以将小吴同学所说的迟到原因转达给家长，并讲述班级常规，再肯定小吴同学的进步，最后寄予期望，希望家长可以克服困难，给小吴同学准时到校提供足够的物质支持和精神支持，帮助他准时到校，养成守时的好习惯。

学思结合

挑战规则的孩子

李老师新接任六年级 5 班的班主任，一节课下来，他强调了七八次课堂纪律，有一个同学被提醒了三次。李老师也观察了其他任课老师，每次上下课，老师们脸上都看不到幸福感。中午，当李老师走进教室时，只有稀稀拉拉几个同学在自觉地午睡，其他同学有的在窃窃私语，有的在偷偷看书，有的在手舞足蹈……一个星期下来，李老师收到了五张班级扣分通知单。同时李老师也观察到，班里有几个同学不仅学习好，而且行为表现突出；还有几个男生工作能力强，在班中威信高。

于是，李老师和这些学生一起讨论制定了关于纪律、卫生的班级常规，并且将班级常规定稿张贴在班中最显眼的地方开始试行。

但是在执行时遇到了困难。班级里总是有一两个同学要挑战班级常规的权威，他们在课堂上随意讲话，总是随意乱扔垃圾，轮到值日时也能逃就逃，并且不屑于获得班级常规上的奖励也不怕受到惩罚。

请仔细阅读上面的案例，认真完成下列任务：

（1）对案例中李老师制定和执行班级常规的过程进行评价。

（2）如果你是李老师，你将如何改进？如何教导这些挑战规则的孩子遵守班级常规？

评　　价

请仔细阅读表 4-4 教导班级常规 PTA 检核量表的评分标准，然后对照进行评价。

（1）对照表 4-4，对“学思结合”案例中李老师的做法进行评价。

（2）依据表 4-4 中的评分标准，进一步修改和完善“学思结合”环节的案例思考。

表 4-4　教导班级常规 PTA 检核量表

评价指标	评分标准（每条标准满分 5 分，取整打分，重在厘清得分依据与扣分理由）	得分	
		自评	他评
A. 适应学生	A1. 班级常规的教导方式活泼生动，能激发学生遵守班级常规的兴趣		
	A2. 班级常规教导的方法能帮助学生理解班级常规的含义		

续表

评价指标	评分标准 （每条标准满分 5 分，取整打分， 重在厘清得分依据与扣分理由）	得分	
		自评	他评
B. 全班参与	B1. 班级全体学生参与班级常规教导的过程，如果有学生不在场，教师也会在后面进行单独教导		
	B2. 学生参与班级常规教导方式的讨论，选择个性化的教导方式		
C. 及早教导	C. 班级常规制定后，及时进行相应的行为规范的教导		
D. 先简后繁	D1. 教师先安排简单易行的活动，使学生获得高度的成就感		
	D2. 遇到教导有困难的班级常规，教师通过多种形式的有趣的教导方式加强学生对班级常规的了解		
E. 持续不断	E1. 教导同一条班级常规的次数超过一次		
	E2. 在教导班级常规过程中，学生没有及时学会，教师有计划、系统地说明解释		
	E3. 若学生出现反复行为，教师要进行耐心教导		

本单元小结

班级常规是指学生在班级日常生活中应该知道的，而且应该遵守的常规。班级常规是教师和学生共同适当地处理班级中人、事、物等因素，使班级成为适合学习的环境，从而达成教学目的的一套常规。班级常规建立的主要目的在于维持良好的班级秩序，使教学能顺利进行，提升学生的学习效果。制定和教导良好的班级常规有利于良好师生关系的建立，有利于学生的健康成长。

活动体验

请你通过网络调查、实地调查等方式，对当前我国中小学的班级常规制定及实施现状进行调查研究。

反思与探究

借力微电影，提升五年制高职学生班级常规管理的效果①

通过中考进入五年制高职的学生，在初中他们都属于中等偏下的学生。一般来说，他们在遵守纪律、学习、生活等方面都没有养成良好的习惯。进入高职以后，他们没了学习的压力，班级管理如果再松一点，他们的进一步发展将会成为大问题。

五年制高职学生的班级常规通常包括学习、纪律、卫生、出操、宿舍等方面，班主任的管理多局限于制定打分方案，让学生自己检查、统计、公布。

微电影介入五年制高职学生的班级常规管理有以下途径：

（1）师生共同讨论选择一个主题，让学生去构思选材内容，让学生参与演出、拍摄、制作的全过程，通过参与这一过程，帮助学生树立正确的世界观、人生观、价值观。比如选择“感恩父母”“励志向上”等主题。把教师的“说教”过程，变成学生积极参与、亲身体验的过程。

（2）把班级常规做得好的地方让学生收集起来，拍成微电影，在班级内播放，也可以在家校平台和学校平台广为宣传，给其他学生树立正确的榜样，并

① 朱有祥. 借力微电影，提升五年制高职学生班级常规管理的效果［J］. 科技咨询，2020（6）：119. 引用时有修改。

指导学生怎么才能做得好。比如宿舍文化的布置，宿舍卫生的打扫，规范的出操，好的学习方法介绍，等等，都可以拍成微电影在班级展示。

（3）适当选取做得差的现象作反面教材拍成微电影，在班级内部播放起警示作用。比如不遵守纪律，不文明语言、行为，学习任务不按时完成等。

阅读上面的材料，回答下列问题：

（1）本事例是在高职学生中运用微电影的方式进行班级常规管理，你认为在普通中小学中适用吗？如果在普通中小学中运用这一方式，应该考虑哪些要素？

（2）借力微电影进行班级常规管理，你认为需要注意哪些问题？

推荐阅读

1. 魏书生. 班主任工作漫谈［M］. 桂林：漓江出版社，2020.

2. 田恒平. 中小学班级常规管理［M］. 上海：华东师范大学出版社，2008.

3. 郭彬彬. 班级常规问题应对“六他”法［J］. 新班主任，2022（07）：26-28.

单元五

处理偏差行为与偶发事件

【学习目标】

通过本单元的学习与训练，你能够：

1. 了解学生偏差行为发生的原因，能分辨三种偏差行为的表现。
2. 掌握处理偏差行为的原则和方法。
3. 掌握正确处理偶发事件的方法与策略。

任务一 处理偏差行为

目 标

1. 通过查阅、比较、思考和交流，了解学生偏差行为发生的原因，分辨三种偏差行为的表现。

2. 通过自主尝试、学习优秀案例、深度交流等方法，掌握处理偏差行为的原则和方法。

引导案例

线上学习引发的一场危机

2020年初，线上学习的客观需求增加了学生接触手机的频率，也为自控力不足的学生提供了更多玩游戏的机会，学生沉迷网络的问题日益凸显。复学后，许多学生难以适应在校学习，从而引发一系列心理问题，严重影响他们的学习与生活，这是值得家长、学校及社会共同关注的问题。

小吴，男，11岁，五年级学生。小吴性格内向，在校表现好动，注意力难以集中；自我价值感低，与人交往少，爱哭，生活习惯不好。小吴经常不能按时完成家庭作业，属于班级的后进生。小吴的父亲是程序员，平时工作繁忙，很晚才回家；母亲是全职太太，在家照顾小吴和妹妹。母亲在家中比较强势，父亲的家庭地位较低，父子二人关系较好。母亲之前经常采用打骂的教育方式，小吴被打得经常不回家，上学也经常迟到。后来有一次小吴很晚都没回家，母亲报警寻找，发现小吴在另外一幢楼的电梯口睡着了。自此母亲对小吴采取溺爱的教育方式，对其言听计从。

线上学习期间，小吴在家沉迷游戏，每日凌晨三四点才睡觉，作业从未完成，经常发脾气，甚至出现与母亲动用武力、拿剪刀威胁等行为。母亲对其毫无办法，情绪崩溃，指出家庭因其而不和谐。2023年5月8日，班主任发现小吴未按时到校，与其母亲联系时，母亲告知班主任小吴请假在家。当日10：10，母亲报警说孩子要自杀，学校立即组织班主任、年级组长、心理教师及校领导前往该生家中对学生及家长进行劝导。发现学生并无自杀念头，而是沉迷网络引起的家庭矛盾。母亲表现过激，直接带女儿离家出走，派出所民警、社区教育员教育母亲无效，学校只好将学生带回，对其进行心理辅导。当日该生在校表现良好，放学后由班主任送其回家。18：56，其母亲又发来信息说孩子要自杀，校方又组织力量进行沟通，进入家中发现，该生用手掐住其母亲的脖子，其母亲没有反抗，之后该生又与其父亲、妹妹发生肢体冲突。在劝解中学校发现，冲突的起因是母亲答应让孩子玩游戏后又反悔，将游戏直接从平板电脑中删除。20：30，学校接其父亲来校交流，发现家庭问题繁多。当晚，学校联系该生所在街道和社区，要求派专人对其进行持续关注，以防出现安全问题。

之后一段时间，该生母亲频繁与教师微信聊天，反馈小吴在家的各种不良行为，希望老师帮助解决问题。学校建议家长带孩子去看心理医生，其母亲情绪激动，直接拒绝。

之后，小吴不愿上学，经常迟到，表示即使来学校心里也想着游戏。同时小吴出现上课吃零食，玩玩具发出声音，对同学说侮辱性语言，不完成作业等情况，严重影响周围同学。在英语课上，小吴更是反复说“NO”，导致课堂无法进行。面对教师的温柔提醒，小吴情绪激动，坚持回家并出现攻击性行为。之后小吴表示要退学，不去上学，教师多管闲事，自己不读书等。班主任联系家长说明情况，母亲到校将小吴带走。

对于以上案例，你认为小吴出现偏差行为的原因有哪些？可以采取哪些处理方法？

准　备

学生在成长过程中，偏差行为是普遍存在的，班级管理者应当采取有效的方法加以处理，以促进学生及班级的健康发展。学生常不自觉地通过达成获取过度的注意、争取权力、寻求报复或争取公平、无能化或自暴自弃四种“错误目标”来获得满足。偏差行为往往是由这四种错误目标导致的。

微课：网络偏差行为的处理方式（陈思思）

有学者将课堂偏差行为分为三类：人格型偏差行为、行为型偏差行为和情绪型偏差行为。

（一）人格型偏差行为

人格型偏差行为带有神经质特征，常常表现为退缩行为。例如：有的学生在课堂上忧心忡忡，提心吊胆，害怕被教师提问和批评；有的学生不相信自己的能力，缺乏自信心和学习兴趣；有的学生坐在教室里焦虑不安，心神不定，常常手足无措，答非所问；有的学生神经过敏，无端猜疑；有的学生在课堂上沉默寡言，胡思乱想，做白日梦；等等。

（二）行为型偏差行为

行为型偏差行为主要表现出对抗性、攻击性和破坏性特征。例如：有的学生在课堂上缺乏耐心，容易冲动，不能保持安静；有的学生多嘴多舌，交头接耳，在被要求安静的时候总在寻找讲话的机会；有的学生坐立不安，传递小纸条，乱涂乱画，扮演怪相逗人发笑；有的学生失声怪叫，吵嚷起哄；有的学生动手动脚，欺侮同学；等等。

（三）情绪型偏差行为

情绪型偏差行为主要是由于学生的过度紧张、焦虑和情绪多变而导致的。例如：有的学生漫不经心，冷淡漠视；有的学生过分依赖教师和同学，不敢自己作决定，不能独立完成作业；有的学生胆小怕事，害怕失败，不敢举手发言；有的学生情绪紧张，容易慌乱；有的学生情绪忧郁，心事重重，注意力无法集中；等等。

学思结合

请观察课堂中学生的行为表现，并将其中的偏差行为予以分类。

我的观察：

我的分类：

通过下面行动中的具体案例，运用所学相关知识，提高对偏差行为的分析及处理能力。

行动一 分析偏差行为产生的原因

学思结合

网络游戏之殇

小冯，女，四年级3班学生，身体健康，发育良好。父母因忙于生意，较少照顾孩子，小冯由其爷爷奶奶照看，老人非常疼爱这个孙女。小冯语文、数学、英语三门功课都曾经有过不及格的现象，学习成绩在班上处于偏下水平，她的性格有点内向，但言语表达清楚，喜欢玩网络游戏。

三年级上学期，父母无暇照顾小冯，便应她要求为其购买了一台笔记本电脑。自从同学约她玩网络游戏后，小冯便偷偷地在电脑中装上了游戏软件，从此一发不可收拾。三年级下学期开学不久，家长了解到小冯因为玩网络游戏不完成作业、上课打瞌睡、影响学习后很着急，将家中的台式电脑和孩子的笔记本电脑全部搬到厂子里，只准她休息时间到厂子里使用。但小冯每天放学后不回家，先到网吧玩游戏，直至几个小时后父母将其强制带离，后来甚至发展到撒谎、偷家里的钱去网吧，彻夜不归。暑假期间，家长无奈只得将电脑又搬回家中，并对小冯玩网络游戏的行为进行监控，但并未解决根本问题。

升入四年级后，小冯上课听不懂，而且不遵守纪律，经常扰乱课堂秩序。小冯痴迷于网络游戏，每天都要玩好几个小时，如果不玩游戏会出现焦虑、心慌、坐立不安等不适。同时，小冯多次表达不愿意上学并出现逃学的情况，即使来到学校也不完成作业，与同学交流困难。在家中，小冯也不愿与父母交流。

请仔细阅读上面的案例，认真完成下列任务：

（1）请你分析小冯出现偏差行为的原因。

（2）如果你是小冯的班主任，你会采取什么行动来帮助小冯？

基于以上案例，在遇到学生出现偏差行为时，我们可以参照以下六个步骤分析原因：

步骤 1　了解当下学生所处的社会背景

现代社会发展迅速，学生们同样面临着各种信息和诱惑，因此，一些学生的不良行为可能是缺乏正确的引导造成的，需要注意。

现代科技发展迅速，大部分家庭都给孩子配备了电子产品，游戏等娱乐手段也在学生中逐渐流行。学生们的自制力比较差，易出现沉迷网络、浏览不良信息等现象。

步骤 2　进行家访

家庭环境的变动是导致学生偏差行为的一个重要因素，为此，班主任可以对学生的父母（或者亲戚）进行调查访问，了解家庭方面的原因。

班主任陈老师对小冯进行家访时发现，小冯父母与孩子的沟通极少。另外，小时候爷爷奶奶的溺爱让小冯失去了正确的人生观和价值观，缺乏对周围世界的爱，总是以自我为中心。父母的高期望以及过分严厉的教育方式，使小冯认为她在家里得不到认可和关爱，于是只能从虚拟世界中寻找价值感和认同感。同时，因为父母不恰当的教育方式，亲子关系现在也比较紧张。

步骤 3　密切观察学生最近的行为

关注学生的课堂表现，记录发生偏差行为的大致时间点，仔细观察发生偏差行为前后的事件，分析相关性；关注学生在不同课堂中偏差行为发生的频率，分析相同点和不同点；关注课间该生的表现，包括与同学的相处情况，找出规律和不同寻常的地方。

班主任陈老师进入课堂对小冯进行了一段时间的观察，发现小冯在课堂上总是会故意做一些动作影响课堂教学，有时又趴在桌子上昏昏欲睡。

以下是班主任陈老师对小冯课堂表现的观察记录。

学思结合

课堂记录之小冯的 15 分钟

观察者：班主任陈老师。

被观察学生：小冯。

学生年龄：10 岁。

学生性别：女。

观察地点：Z 小学四年级 3 班教室。

观察日期：2023 年 5 月 28 日。

观察开始时间：上午 8：35。

观察结束时间：上午 8：50。

观察小冯的原因：最近一段时间小冯的在校行为出现偏差。

观察地点的物理特点和社会特点：

教室在二楼，桌椅呈秧田式整齐摆放，教学设备和材料都准备良好。同学们没有一个缺席，在上课前都已经就座。本节语文课讲授的内容是《长城》这篇课文，大家整体情绪较好，上课的气氛也很融洽。

目标行为描述（OBD）与解释：叙述性描述。

OBD1（上午 8：35—8：40）：

小冯抬头看着老师播放的视频，并把双手相叠放在桌上（左手叠在右手上，下同），背弯着，半分钟后又用左手托着下巴，看了一会儿就低头趴在桌子上。视频放完后，她抬头看了一眼老师。当老师问“课本里面的长城是怎么样的？”时，她将眼睛闭上了，并没有举手。老师又说：“翻开书本第 82 页，大家自由朗读。”小冯就用右手将铅笔盒里面的橡皮拿出来扔给旁边的同学，其间用左手揉了下自己的鼻子，又用右手搓了一下自己的嘴巴。老师说停止朗读后，小冯将双脚放在桌子下的架子上，将身子往后靠。

解释 1：小冯看起来对上课没有兴趣，视频可以稍微引起她的注意。

OBD2（上午 8：40—8：45）：

老师说：“大家一起朗读 PPT 上的生字两遍。”小冯看了一眼 PPT，接着便开始望向窗外，随后向窗外扔出了一个纸团。之后老师点了下一页 PPT，说：“大家带着上面这个问题默读课文，想到答案后可以立即举手。”小冯趴在桌子上，闭眼睡着了。

解释 2：小冯看起来很困。

OBD3（上午 8：45—8：50）：

老师走上讲台，在黑板上写下关键字后，转身说：“请大家找出课文中描写长城的形容词。”小冯突然惊醒，抬头看了一下周围，戳了戳前方的同学，见同学没有反应，便拿起笔在书本上写了些什么，接着又趴在桌上闭着眼睛休息。

解释 3：课后我问了小冯怎么总是趴在桌上，小冯说太困了，而且对语文课没什么兴趣。

请仔细阅读上面的课堂记录，认真完成下列任务：

（1）请你分析小冯的行为有哪些规律和不同寻常的地方。

（2）你认为这些记录对解决小冯的问题有帮助吗？

步骤 4 咨询该生的好朋友

通常，学生愿意把自己的真实想法告诉自己的好朋友，为了更加深入地了解学生偏差行为背后的原因，教师可以从学生最好的朋友入手。

班主任陈老师找周围的同学了解情况，发现小冯几乎没有朋友，同学们都说小冯独来独往，极少与他们来往。从同学的口中得知，小冯与她的父母有一些矛盾。

步骤 5 与各任课教师探讨

学生的偏差行为可能在不同教师的课堂上有不同表现，询问各位任课教师该生的课堂表现、作业情况等，结合具体情况进行综合分析。

班主任陈老师找各位任课教师了解情况，任课教师们都反映小冯在课堂上极少发言，很难让老师注意到。小冯平时的作业也极少认真完成。任课教师有时候和小冯的家长沟通，家长也比较忙，并不是特别关心小冯，问题一直得不到有效的解决。

步骤 6 和学生深入对话

在观察到学生发生偏差行为后，班主任可以单独找个安静的环境和学生进行深入交流，了解学生偏差行为背后可能的原因（包括最近的生理情况、情绪、与同学相处的情况以及家里的变化等）。也可以请专业的心理教师与学生进行交流。

班主任陈老师和小冯进行了谈话，发现小冯因为学习成绩不好而感到自卑，同学们的冷漠和嘲笑更加重了她的这种自卑感，因此小冯对学习失去了兴趣，对同学们也有仇恨心理。有时晚上玩游戏睡得晚，睡眠不足，白天在课堂上便昏昏欲睡。以下是班主任陈老师与小冯谈话的部分内容：

师：小冯，老师发现你最近精神好像不太好，是身体不舒服吗？

生：老师，我身体挺好的，只不过总是犯困。

师：那你能告诉老师原因吗？老师保证保守秘密。

生：老师，其实我最近在玩游戏，晚上我也想早点睡，但是我控制不住我自己。

师：哦，是这样啊！那老师帮你一起想办法。同学们反映你在课堂上有一些不太好的行为，有这回事吗？

生：对不起，老师，我现在的成绩不好，有时候老师讲的内容我听不懂，再加上犯困，同学们也都嘲笑我，我感到很自卑。

师：原来是这样，谢谢你对老师的信任，老师知道你是个好孩子，只是现在遇到了一些问题，老师和你一起想办法解决，你愿意吗？

生：我愿意，谢谢你，老师。

学思结合

参照以上小冯的案例，小组合作讨论，分析“引导案例”中小吴出现偏差行为的原因。

行动二 确定处理偏差行为的策略

在学生出现偏差行为时，我们可以参照以下六个步骤处理：

步骤1 查询相关专业书籍

在学生出现偏差行为时，应及时查阅相关专业书籍，了解处理偏差行为的原则和基本策略，从而为正确、高效地处理问题提供更好的指导。

步骤2 寻求多方合力

一些学生的偏差行为需要专业教师的帮助，要寻求多方合力共同解决问题。比如，心理方面的问题就需要专业的心理教师进行干预。

步骤3 与学生家长沟通

与学生家长沟通时，要客观地阐述学生在校的表现，表达对学生的关注。及时疏导父母的焦虑情绪，共同分析原因，统一双方的教育理念。如果父母的期望值不符合实际，就帮助父母设定新的期望值，同时提醒家长关注孩子的内心想法及心理健康。

步骤4 班级帮扶

帮助具有偏差行为的学生设定小的阶段性目标，激励学生逐步达成大的、最终的目标；成立互帮互助小组，有意识地让这个学生融入集体，让其找到归属感，感受到关爱；建议各任课教师多关注这个学生，发掘其闪光点，多表扬、鼓励，给予其表现的机会，让其重拾信心，找到价值感。

步骤5 与学生制订矫正计划

首先以平和的态度对待学生出现的偏差行为，继而进行共情，表达自己对他的理解，在沟通中了解学生的真实想法，倾听学生的诉求，与学生共同制订矫正计划。

针对小冯这一案例，班主任陈老师制订了矫正计划，以下是师生谈话记录：

计划实施前的谈话

师：小冯同学，之前我们谈到了你的生活和你的困扰。现在我想跟你商量一下接下来我们的计划。根据之前我们交流的信息，老师把你需要解决的问题逐一分析出来。你目前的情绪比较低落，偶尔还会出现焦虑与恐惧的情况，所以我们应该先从梳理你的情绪入手。我们首先做一件事，就是每天完成情绪锦囊，然后和老师或同学分享。

小冯：好的，谢谢老师。

师：其次，我们还要解决你沉迷游戏的问题。现在开始，你每天完成作业后可以玩一个小时的游戏，我会请你的父母帮助你控制时间，其他时间如果你实在想玩就下楼跑步或者找同学玩，好吗？

小冯：好。

师：那我们签一份约定。

师：最后，我们还需要解决的是你上课难以集中注意力的问题。这一点我已经向任课老师了解过了，发现你的语文、数学、英语三门学科的成绩较差，但是科学成绩还不错，所以老师给你换了位置，周围同学的语文、数学、英语三门学科的成绩都比较好，他们在课余时间可以帮助你，你的科学成绩好，也可以带带他们，有问题可以随时去问老师，万里长城也不是一天建成的，所以你要有信心，重新找回自己的状态。现在我们制订一个小目标，每一次考试，如果每门科目都能进步 1 名，老师就给你积 1 分。积满 3 分可兑换 1 张班级优惠券，你愿意吗？另外，以后上课可不能打扰同学了。

小冯：知道了，老师，如果他们都愿意帮助我，我也一定会努力做好的。

两个星期后的谈话

师：小冯同学，看你这两个星期的情绪锦囊，发现后面一段时间你的心情明显好很多，是有什么开心的事情吗？

小冯：因为我的成绩上来一些了，同学们都开始愿意跟我玩了，我很开心。最近爸爸妈妈回来得也比较早，周末会带我去外面玩。

师：那真是太好了，情绪锦囊继续写哦，现在是第三个星期了，我看你的游戏约定也遵守得很好，现在咱们加大一点难度，周一到周日只能玩三次游戏，一次一个小时，你有信心做到吗？

小冯：我应该可以的。

师：老师相信你可以，你最近语文和英语进步比较大，现在已经有 3 个积分了，再接再厉。

小冯：谢谢老师，我一定会继续努力的。

三个星期后的谈话

师：小冯，老师最近经常听到其他任课老师表扬你，你的进步非常大，总分已经在班级中等水平了，老师为你高兴。

小冯：感谢老师和同学的帮助，谢谢大家。

师：现在你的情绪已经比较稳定和积极了，老师希望你继续保持，如果可以的话你的成绩可以再提高一大截，你有信心吗？

小冯：我不太确定，可能会有点困难，我的数学不是很好。

师：没关系，把这个作为目标就好，如果数学有不懂的地方就多问问小王，他很乐于助人。现在你应该不怎么玩游戏了吧？

小冯：现在一周就偶尔玩两三次了，我觉得游戏不是特别好玩了。

师：看来我们的计划有很大的成效，那现在我们再改变一下游戏约定，把游戏时间改为平时不玩，周末控制在两小时以内，你觉得可以吗？如果你能遵守约定，老师就满足你一个小心愿。

小冯：好的，我会加油！

附件 1：情绪锦囊

请在表 5-1 上记录你的快乐指数，早上、中午、晚上各记录一次，看看你的积极情绪的变化情况。

表 5-1　积极情绪变化表

10				10				10			
9				9				9			
8				8				8			
7				7				7			
6				6				6			
5				5				5			
4				4				4			
3				3				3			
2				2				2			
1				1				1			
	早上	中午	晚上		早上	中午	晚上		早上	中午	晚上

请在表 5-2 中记录让你感到快乐的人、事、物，不少于三项，越多越好。

表 5-2　我的快乐清单

周一	周二	周三	周四	周五	周六	周日

附件 2：游戏约定

从今天起，我放学回家之后先完成作业，然后才能玩一个小时的游戏。请爸爸妈妈监督。

承诺人：小冯

日期：2023 年××月××日

附件 3：成 绩 积 分

请在表 5-3 中记录你的成绩。

表 5-3 成绩积分表

学科	第一次成绩	第二次成绩	第三次成绩	第四次成绩	第五次成绩
语文					
数学					
英语					
科学					
积分					

步骤 6 持续关注

偏差行为不是一下就能解决的。根据学生的具体情况，教师在确定好处理策略后，要进行及时反馈，多次引导，做到持续跟进。

学思结合

参照以上小冯的案例，自主设计纠正“引导案例”中小吴的偏差行为的策略，并在小组中讨论、完善。

学思结合

小杰是最让李老师头疼的学生了。他总是在课堂上吵闹，故意影响别人。例如，他总是在课堂上乱搭话，让课堂教学无法进行下去，然后他在旁边幸灾乐祸地大笑；有时他会向同学扔粉笔，或者直接拿走同学的文具，惹得同学十分不高兴，可是他却笑得很开心；他经常乱丢垃圾，影响同学值日。班里没有同学喜欢他，很少有人愿意理他。

李老师通过家访了解了小杰的家庭情况。小杰的父母离异后都不愿意管他，他是由奶奶抚养长大的。他很清楚自己的家庭情况，为此深感痛苦，他也知道同学们都不喜欢他。为了帮助小杰，李老师认为必须让班级群体接纳他。但是以他的行为表现，这并不容易。为此，李老师组织了班级讨论，同学们在了解了小杰的情况之后，开始慢慢地尝试着去关心他。

有一次小杰住院动手术，班里每天安排两位同学去探望他，其他同学也给他打电话表示关怀。小杰出院之后，同学们还为他举办了一个欢迎会，送给他礼物，对他重新回到班级表示欢迎。小杰感动地说："我知道自己对你们不好。我一直以为你们恨我，但是现在我知道自己错了。我以前不曾有过朋友，现在我有了。我要让我奶奶知道我有朋友了，她可能会不敢相信。"从此之后，小杰有了很大改变。

请仔细阅读上面的案例，认真完成下列任务：

（1）分析小杰出现偏差行为的原因。

（2）如果你是李老师，你将采取怎样的解决策略？结合实例进行设计。

评 价

请仔细阅读下列学生偏差行为处理能力 PTA 检核量表的评分标准，然后对照进行评价。

（1）请对你在“引导案例”中对小吴案例的思考进行自评和他评，并将结果填写在表 5-4 中。

（2）在自评和他评的基础上，进一步修改和完善“学思结合”的案例思考。

表 5-4 学生偏差行为处理能力 PTA 检核量表

评价内容	评分标准（每条标准满分 5 分，取整打分，重在厘清得分依据与扣分理由）	得分	
		自评	他评
偏差行为	1. 对学生偏差行为的分类准确		
	2. 对学生出现偏差行为的原因认识准确		
	3. 为解决学生的偏差行为确定恰当的策略		

任务二　处理偶发事件

目　　标

1. 通过查阅、比较、思考和交流，了解偶发事件的特点。

2. 通过自主尝试、学习优秀案例、深度交流等方法，掌握正确处理偶发事件的方法与策略，锻炼处理偶发事件的应变能力。

引导案例

小米的危机

中午吃饭时间，同学们正在排队盛饭，班主任因为上厕所而离开一小会儿。小米和小龙第二次排队盛菜时，小米把剩下的菜都打完了。这时后面的小龙看见了，一把揪住小米的衣服，把他拉到一旁，大声吼道："你盛这么多！我们都没有菜了！"小米立马生气地说："本来就很少了！"后面排队的同学看见后，也纷纷指责小米。小米一边吼叫一边大哭，小龙叫他别哭了，这时小米推了一把小龙，说："都是你！"紧接着，两个人扭打在一起，周围的同学不知所措，发出各种惊讶和害怕的声音，班级秩序一片混乱。

如果你是班主任，你将如何处理这件事呢？

准　　备

微课：处理偶发事件（陈思思）

偶发事件是指在教学或学校生活过程中遇到的事先难以预料、出现频率较低但必须迅速做出处理的事件。由于事发偶然，教师往往没有预先的思想准备，也往往没有充裕的时间仔细思考处理的对策，因而偶发事件处理起来往往都比较棘手。正因为如此，从处理偶发事件的水平上最容易看出一个教师的办事能力、教育机智、理论修养和思想水平。偶发事件处理得好，可以迅速有效地平息事端，而一旦处理不当，极有可能使事态激发，引起学生的偏差行为。偶发事件的处理与其说是一门科学，不如说是一门艺术。如果对偶发事件处理得当，就可以使其成为教育学生的契机，收到平时难以达到的良好教育效果。

一、偶发事件的特点

（一）成因的不确定性

偶发事件的主要成因有天灾人祸、外来干扰、人际关系冲突、恶作剧、违法行为、感情障碍、性格异常等。总之，引起偶发事件的原因是很难确定和预料的，教师对此应有充分的认识。

（二）发生的偶然性

多数偶发事件由于事出偶然，没有征兆，教师没有充裕的时间仔细思考处理的对策，因而事件结果大大出乎人们的意料。也许前一分钟还处在教师乐教、学生乐学的融洽气氛中，转眼间就变成剑拔弩张的师生对立局面。因此，教师要随时准备应对偶发事件。

（三）后果的严重性

一般来说，教师开展教育活动都是在计划的指导下，有条不紊、按部就班地进行的，而偶发事件会打乱原有的计划，使原本井井有条的教育教学活动无法按计划进行，使效果大打折扣，甚至背道而驰。同时，由于偶发事件的起因比较复杂，又难以预料，处理起来有相当的难度，一旦处理不当就会造成严重的后果，或使师生关系紧张、对立，或使同学矛盾加深，或使学生心理受到挫伤，或使班级集体受到破坏。因此，教师一定要谨慎处理偶发事件。

（四）时机的迫切性

偶发事件一旦出现，如果不立即进行恰当的处理，教育教学活动就难以继续，学生心绪就难以平复，师生关系就难以理顺。因此，教师面对偶发事件时，一定要在最短的时间内找到最佳的解决办法，争取获得最理想的效果。

学思结合

在理解偶发事件的特点的基础上，思考正确处理偶发事件有哪些意义。

二、常见偶发事件的处理

（一）一般事件的处理

凡事实清楚、情节轻微，不涉及伤害行为的均属于一般事件。

（1）班级内：由班主任进行恰当处理。

（2）寝室内：由生活辅导员老师及时处理，然后告知班主任。

（3）跨班级：由相关班级的班主任、年级组长共同处理，必要时，由政教处协助处理。

（二）争吵斗殴事件的处理

有学生口角及互殴等行为的均属于争吵斗殴事件。处理时应联系家长共同加强教育，必要时，进行家访，了解学生的生活背景等情况。

（1）班级内：由班主任处理并追踪教导，视需要知会教导处协同处理。发生在上课期间的，由任课教师负责处理。处理结果报班主任，班主任做好记录。发生在课外的，首先发现的老师及生活辅导员有义务予以制止，通知班主任负责处理。

（2）跨班级：首先发现的老师、生活辅导员有义务予以制止，通知班主任（或值日教师），由相关班级的班主任、年级组长联合处理。必要时，请政教处协同处理。

（三）课堂事件的处理

任课老师负责处理，处理结果报班主任。情节严重的，班主任、年级组长、政教处主任协同处理。

（四）伤害事件的处理

1. 轻症

因室内外活动造成的伤害，如表皮受伤等，由任课老师或现场发现人员及时处理，通知班主任和家长协同处理，班主任做好备案材料。

2. 重症

学生生病或受伤，如开口伤、骨折、钝器击撞伤等需要送医院的，学校立即告知相关监护人，及时救助受伤害学生。

3. 伤亡事故

学生在校遭受严重伤害，须将真实情况通知家长并及时向上级教育行政部门报告情况。同时，组织学校事故处理小组及时调查事故的原因、经过，调查取证，为事故的处理提供依据。

通过下面行动中的具体案例，运用所学相关知识，提高处理偶发事件的能力。

行动　处理偶发事件的步骤

“疾驰”的小萱

四年级1班的学生小萱吃完中饭后，在操场上与其他同学打闹、奔跑的过程中脚底打滑，刚好撞到墙角处。小萱的头被撞破了，流了许多血。同学小刘看到后气喘吁吁地跑去告知班主任，班上同学闹哄哄的，个个都紧张兮兮。

基于以上案例，在遇到偶发事件时，我们可以参照以下几个步骤来解决问题：

步骤1　关心学生的身体

若有学生受伤，班主任应第一时间处理学生的伤口。如果是轻微受伤，就要及时将学生带到校医室处理；如果受伤严重，就要告知学生家长并及时将学生送往医院救治。

班主任马上跑到操场，找到小萱查看伤势。见到小萱额头上有一条约长5厘米的伤口正在向外流血，来不及询问和责怪，班主任马上将小萱带到医务室让医生处理伤口。随后在经过小萱同意后，拨通了家长电话，用平和的语气说清楚事情经过，并让家长尽快赶来学校。班主任用清水清理小萱脸上、手上和衣服上的血迹后，带小萱到门卫室等候家长。等到家长到达，班主任向其说明情况并安抚他们的情绪，让家长带孩子去医院。

步骤2　安抚学生的情绪

关注偶发事件的主要人物，及时对其情绪进行安抚和引导，同时运用教育教学智慧转移关注点，安排好班级中其他学生，安排好教育教学活动。

班主任极力控制和稳定自己的情绪，马上安抚班里同学的情绪，并向同事说明此事，请求帮忙照看班级，同时让班长配合看班老师维持班级纪律。

步骤3　关注学生家长

找出行为背后的原因，跟家长深入交谈，避免此类事件再次发生。

在处理完毕后，班主任与家长进行面谈。首先关心孩子目前的状态，让家长感受到来自老师的关心。随后说明小萱受伤的原因是没有遵守纪律，在操场上打闹、奔跑。希望家长在家里也配合教育，引导小萱遵守纪律，关注课外活动时的安全问题。

步骤 4 思想引导

利用偶发事件体现出的学生在思想或行为上的问题，进行个别教育及全班教育，做到防微杜渐。

在处理好小萱的个人事件后，班主任在班级召开安全教育主题班会，以小萱的事例为引，引起同学们对安全的重视，促使全班同学关注校园文明行为，遵守校园纪律。

待小萱处理好伤口、回到学校后，班主任与小萱一起分析了整件事情的经过，让她意识到奔跑会给自己也可能给别人带来伤害。经过家长定时接出去检查、换药，在学校有班主任和生活老师的悉心照料，家校间的互相理解和正确处理，小萱并无大碍，情绪也有所好转。

回到教室后的小萱，没有往日活泼了，课间也只是坐在座位上翻翻书本。班主任单独找她谈话后，了解到她觉得头上伤口的包扎让她觉得在同学中显得有点异类。班主任同语文老师一起，利用身边的例子安慰小萱，告诉她这只是暂时的，我们都相信同学们都不会嘲笑她。之后小萱克服了心理障碍，当天，便再度高兴地与班里的同学玩成一团了。晚自习，班主任在班里召开了“关爱身边同学”的主题班会，引导大家认识校园安全的重要性。同时，引导学生学会关心身边同学，互亲互爱，共同快乐成长。

学思结合

“谁把橘子皮堆在我的桌上?”

资料：处理偶发事件的方法

当英语老师王老师走进教室时，发现讲桌上有一堆橘子皮。他面红耳赤，转向学生，对他们吼叫：“谁把橘子皮堆在我的桌上?”没有人回答。“我再问一次，是谁做的?”结果毫无动静。“做的人，”王老师提高嗓门说，“是个胆小鬼。我再给你们一次机会，是谁做的?”

王老师举目扫射全班，想找出那位同学。但是最后仍然没人承认，于是王老师决定处罚全班。

请仔细阅读上面的案例，认真完成下列任务：

（1）与同学讨论解决案例中偶发事件的具体步骤和方法。

（2）请你结合二维码资料中处理偶发事件的方法，谈谈上述案例中的王老师在处理问题时存在哪些不足。如果你是王老师，你会采取哪些措施呢?

评　　价

请仔细阅读表 5-5 学生偶发事件处理能力 PTA 检核量表的评分标准，然后对照进行评价。

（1）请对你在“引导案例”中对小米案例的处理方法进行自评和他评，并将结果填写在表 5-5 中。

（2）在自评和他评的基础上，进一步修改和完善“学思结合”环节的案例思考。

表 5-5　学生偶发事件处理能力 PTA 检核量表

评价内容	评分标准 （每条标准满分 5 分，取整打分， 重在厘清得分依据与扣分理由）	得分	
		自评	他评
偶发事件	1. 对偶发事件的特点认识准确		
	2. 准确制定偶发事件的处理步骤		
	3. 选择恰当的方式处理偶发事件		

本单元小结

偏差行为与偶发事件在教学中普遍存在，正确地处理它们是教师必须具备的能力之一。分析学生偏差行为和偶发事件背后的深层原因，能帮助教师更好地处理问题。针对不同类型的偏差行为和偶发事件，教师需要采用不同的处理方法和策略。如果处理得当，这些问题就可以成为教育学生的契机，收到平时难以达到的良好教育效果。

活动体验

偏差行为和偶发事件在学生中很常见，请到中学或小学做一次调查，发现当代中小学生最常出现的偏差行为和偶发事件有哪些？给它们分分类，并且分析背后的原因。试着用本单元学过的方法和策略处理问题。

反思与探究

国外有研究发现，课堂偏差行为中，有55%属于上课讲话、喧哗等行为，26%属于上课迟到、任意走动和不做功课等行为，另有17%属于看无关的书刊等不专心上课的行为，而真正严重的偏差行为只占极小的比例。我国有研究发现，85%以上的课堂偏差行为属于轻度问题行为，非常严重的偏差行为仅占15%。由此可见，课堂偏差行为主要是轻度问题行为，它们具有持续时间短、易变性强、偶然性强的特点。

有研究指出，课堂纪律问题是教师面临的最严重的问题之一，同时也是导致教师转行的重要因素之一。

问题：

（1）上述研究指出课堂偏差行为主要是轻度问题行为，课堂纪律问题是教师面临的最严重的问题之一，对此你是如何认识的？

（2）如果你遇到了与课堂纪律相关的学生偏差行为，你会怎么做？请阐述你这样做的理由。

推荐阅读

1. 张宏，谈剑锋. 科学构建中小学班级管理评价机制：预防和修正青少年学生偏差行为的策略研究［J］. 新课程，2022（05）：28-29.

2. 耿帅，王永亮. 把偶发事件演绎为精彩故事［J］. 中学政治教学参考，2022（18）：71-74.

单元六

管理班级环境

【学习目标】

通过本单元的学习与训练，你能够：

1. 理解教室布置的原则。
2. 自主设计教室环境方案，并能对教室环境进行调整和更新。
3. 掌握教室保洁的原则。

任务一 布置教室

目　　标

1. 通过案例分析、辩证思考，形成对班级环境的正确认识，并能理解教室布置的原则。

2. 通过理论探究、经验积累、自主实践等，能够按照教室布置的基本原则，打造一个优美的教室环境，并能对教室环境进行有效的动态调整和更新。

引导案例

让教室墙壁“说话”

我们都知道，世界上没有完全相同的两片叶子，正是因为不同才造就了这个世界的多姿多彩。每一所校园的环境也都有属于自己的鲜明特色，即便在同一所校园里，班级环境也是各不相同的。

有的班级，教室墙壁上一片雪白，空空荡荡、干干净净的。再走一圈，仔细一瞧，布告栏上的几张纸片也是简简单单的，主板报上的布置更是不知是何年何月的作品了。教室布置比较单调乏味，内容长期不换，形式也很单一。在这样的教室里，丝毫看不出学生们存在的痕迹，那么他们对班级的归属感又该从何而来？这样的教室对他们来说，只是一个上课的场地而已，就算换到任何地方都是一样的，又如何能让学生们爱班级、爱集体呢？

与之截然不同的是，有的班级还没等走近，就能远远地看见走廊顶上、墙壁上，或是学生作品展示，或是新闻简报，或是游览见闻，或是拓展资料，或是心情留言。更不用说教室里了，只要是能利用的角落，不管是墙壁还是天花板，统统被充分利用了起来，目光所及之处，皆被精心布置。即便有些作品在我们看来不甚完美，甚至可以说有点粗糙，但这却能让人实在地感受到学生们的活力。每当这些班级的外墙装饰或内容换新的时候，总是能引得路过的孩子们驻足欣赏，发生的讨论热烈而真诚。这大概就是教室环境布置的意义所在。

作为一名班级管理者，究竟该如何来合理布置教室，让教室环境真正地“说话”“育人”？这不是三言两语就能说清道明的，但我们必须牢记的一点就是，学生才是校园的主人，也是教室的主人。一切布置或者装饰都得考虑到学生真正的需求。

准　备

教室是学生在校生活的主要空间，与学生保持着持续的显性或隐性互动。“人是文化的动物”，生活在什么样的文化中，就会造就什么样的文化性格。因此，教师应重视教室布置，在布置时要遵循以下原则：既要充分利用教室空间，又要注重留白；人人参与教室布置，机会均等；突出班级的特色；跟着教学走，激发学生学习兴趣；配合节庆及学校或班级活动；布置内容丰富但不杂乱，随时变动；经济实惠，安全第一。在此基础之上，在实践过程中，教师应根据学生的需要及教室的实际情况进行布置，创新出更多更好的内容。

微课：教室布置（罗燕）

通过下面行动中具体案例，运用所学教室布置的相关知识，提高布置教室的能力。

行动一　座位编排和教室物品归置

步骤 1　安排好课桌椅

座位编排方式在班级环境布置中有重要的作用。不同的空间组合形式直接影响班级活动中的师生交往、生生交往，影响课堂效果，影响学生关系。常用的班级教室座位编排方式有秧田式、会议式、小组式、圆形、马蹄形等。任何编排方式都有其明显的优越性，也有其应用的局限性，教师应从实际需求出发，灵活运用不同的座位编排方式。

步骤 2　根据需要购置物品

根据各班情况，适当购置一些物品。例如，如果想在班级里打造一个图书角，需要提前规划好位置，测量好尺寸，购买大小合适的书架。又如，为了方便规整教室里的零碎物品，需要添置几个尺寸不一的收纳盒。

步骤 3　安排好固定摆放的物品

班级中的各种设备，有些是要长期且经常使用的，必须以节省占地空间为原则将其固定化，可移动设备应要求使用者用完及时放回原位，保持教室整洁。这样既可以节省空间，又可以培养学生的责任心和接受社会约束的能力。

行动二 教室文化空间的布置

苏霍姆林斯基曾说："成功的教育应该使学生在没有意识到受教育的情况下却受到毕生难忘的教育，而这种在潜移默化中受到的教育往往具有水滴石穿的作用。"他还说道："无论是种植花草树木，还是悬挂图片标语，或是利用墙报，我们都要从审美的高度深入规划，以便挖掘其潜移默化的育人功能，使最终连学校的墙壁也在说话。"因此，搞好班级环境布置，能使学生在心情愉悦的氛围中获得感悟，产生蓬勃向上的力量。

步骤1 整体设计与准备

一个优雅的教室环境，既可以给学生、老师带来身心上的愉悦，也能在一定程度上提高班级管理的效果。为了避免出现教室布置杂乱无章、不成体系的问题，应该在着手布置教室之前，做好整体的设计和规划。

1. 根据学生年龄特点，确定风格

教室的布置要根据学生的年龄特点，结合学生的心理特点，确定整体风格。比如，低年级的学生对周围的环境有着浓厚的好奇心，因此，教室布置既要有一定的趣味性，以活泼、可爱的风格为主，又要以不分散学生的注意力为前提。中年级的教室布置可以适当加入一些理性的设计，减少图片的数量，增加文字内容。高年级的教室布置则要体现个性化与知识性，要简约大气，切忌过于花哨和低龄化。

2. 根据班级文化特色，确定主题

每个班级都有专属的班级文化特色，主题布置可以根据各班的文化特色来设计。比如，"扬帆中队"以蓝色为基调，以海浪、帆船为要素；"繁星中队"以夜空为主背景，以星星、月亮为要素……除此以外，还可以结合本学期打算重点创设的班级主题进行设计。比如，打造书香班级，可以绿色为基调，书本、阅读元素少不了；打造运动活力班级，可以橙色为基调，醒目的贴画和宣传标语锦上添花；等等。不管选择哪一种风格，注意务必要形成整体统一的风格，看上去舒适有序。

3. 根据学校具体要求，划分版面

根据一般学校的要求，黑板上方须张贴国旗，布告栏须张贴班级课程表、作息表、值日生表、中小学生行为规范守则、社会主义核心价值观等。而主题墙可以呈现以下几个部分：快乐园地，主要用于展示学生各类作品；中队角，介绍班级中队的基本情况；争章园地，用于张贴本学期的争章名单；安全角，用于宣传日常的安全知识；卫生角，用于宣传基本的卫生知识；等等。每个学校对于主题墙的布置，要求各不相同，可根据实际情况进行调整，除了必须呈现的主题外，要留出一块空余之处，为学生们提供自由发挥的角落。

4. 根据学生的个性化需求，增添细节

根据本班学生的个性化需求，增设相关主题角。例如图书角、作业柜、个人展、心语心愿箱、荣誉墙、照片墙等。

5. 根据教室实际情况，准备材料

如果教室后方主题墙为传统的黑板，那么需要准备彩色粉笔、颜料、画笔、尺子等。如果教室后方主题墙为软包，那么需要准备大头针、大张彩色卡纸、双面胶、剪刀、马克笔、尺子等。也可以准备一些纸板、废旧光盘等材料，二次利用，还可以购买一些装饰用品。

步骤 2　教室布置与分工

1. 布告栏布置

新学期伊始，首先需要关注的是，学校作息表、班级课程表是否发生变化。如果有，则要及时更新并张贴。另外，值日生表、班规表等都应根据新学期的变化，进行调整。

2. 主题墙布置

教室后方的主题墙所占面积不小，是整个教室空间里最为醒目的部分。因此，我们必须牢牢把握住这个中心位置的布置，使主题墙“说有意义的话”，使它更具积极的教育意义，发挥最大的教育作用。主题墙的整体框架一旦形成，将贯穿整个学期，后期仅作个别板块的更新。

（1）招募团队

请家长或者广告公司代劳的班级主题墙布置，最终呈现出来的效果确实惊艳。但我们要始终牢记一点，即学生才是教室的主人，让学生参与教室布置，其间所得必然远胜于一个精美的环境所产生的影响。每次布置教室前，可以先在班级里招募一些主动参与或有绘画、手工特长的学生，组成教室布置团队，一起动手来布置教室。

（2）商定细节

全班展开讨论，初步商定本学期主题墙的整体框架和设计细节。例如，为了营造“书香班级”，激发学生对中华传统文化的兴趣和自豪感，在学生与老师的讨论下，最终确定了设计方案。例如，有的班级主题墙的布置将结合统编语文教材五年级下册第三单元“快乐读书吧”的内容，紧紧围绕“四大名著”展开，以其中的必读书目《西游记》为主题进行设计。

（3）分工合作

整体框架确定后，教师要将任务合理地分配给学生。例如，主题图的绘制、主题词的艺术字设计可以交给擅长绘画的几位学生，其余学生可以打下手，剪剪贴贴，做做手工。教师要充分地相信学生，放手让学生去做。尽管这个过程远没有教师、家长一手包办来得轻松，成果也没有专人设计来得精致，但从中却能看到学生专注较真的神情，他们一次又一次地修改不满意的地方，遇到难题的时候互帮互助。任务完工后，参与布置的同学一遍又一遍地端详，满足而又快乐。等到主题墙完工（见图 6-1），在听到同学们的称赞后，他们的嘴角更是抑制不住地往上扬。这就是学生参与布置所获得的自豪感。

图 6-1　班级主题墙布置

3. 主题角布置

以图书角布置为例，可将图书一一编号，登记在册，按照类别有序排列。在书架旁，可以张贴一些关于阅读的名人名言，以及图书借阅规则。

班级图书管理策略

1. 图书角组建：开学初，每位学生提供两本以上好书。班级图书管理员填写书单，并将图书分类、编号。

2. 借阅方法：一次只能借一本。借阅者在图书登记簿上找到书的编号，在借书表中填上自己的学号。每日放学前归还，归还时只需在原先登记的学号上画“圈”注销即可。小小图书柜于每日打扫时有专人负责清查，若有书未归还，值日生要立刻催还。

3. 排行榜：依图书登记簿上的记录，在每月月末列出两种排行榜：

（1）图书排行榜：为最多人借阅的书，将书名及提供人公布；

（2）爱书人排行榜：公布借书量最高的同学的姓名，并予以表扬。

4. 推荐好书：将全班同学分成五组，每组负责推荐两本好书，做成海报，定期公布。

5. 读书报告：每月老师指定一本好书给学生阅读，并撰写读书报告。

6. 班报：将各项信息，如排行榜、本月推荐的好书内容等，刊于班报之上。

4. 空白墙布置

（1）荣誉墙

将班级所得的集体荣誉一一张贴展示，取名为“摘星墙”，增强集体荣誉感和凝聚力。

（2）积分榜

张贴积分细则和积分排行榜，激励学生约束自己，表现自己，成为更好的自己。

（3）标语

在黑板正上方，张贴学生书写的班级标语，如“静、净、竞、敬”。在教室两侧的柱子上，张贴学生书写的班级宗旨，如“第一遍能做好的事，不做第二遍”“先做该做的事，再做喜欢的事”。让这些标语在潜移默化中对学生产生积极影响。

（4）时光机

打印以往的照片，张贴在教室里，打造一个温馨的角落，增强学生的归属感。

5. 外墙布置

（1）个人作品展

学生可以申请在教室外墙做个人作品展示，如个人书法展、个人国画展、个人漫画展、个人随笔展等。小组也可以申请展示。具体的布置和策划由学生全权负责，给学生一个展示自我的机会。展出时间为两周，定期更换。

（2）综合性实践活动作品展

根据各科的教学进度和内容，安排作品展示。例如，语文学科可以结合本学期的综合性学习活动，进行“遨游汉字王国”的作品展，展示学生编写的汉字小报和研究报告，如猜字谜、有意思的谐音、对联、有趣的形声字、拼贴诗等；科学学科可以结合本学期的探究活动，展示“如何造一艘小船”的活动成果；数学学科可以结合本学期的知识应用，用“折线图”统计生活中的各类数据，如成绩；在信息科技课上设计的精美电子小报也可以在这里展示；美术课上做的手工、画等作品，只要学生做了，便为其提供一个展示的平台，展出时间为两周，定期更换。

6. 作业角布置

每天早晨，学生的到校时间有的早，有的晚。如果等全员到齐了再收家庭作业，难免会浪费时间；如果到一个收一个，那些走动的身影，窸窸窣窣的声音，又搅得早读课堂不得安宁。作业角的出现，便能顺利解决这些问题。

在教室外的长凳上放置四个作业筐，分别对应语文、数学、英语、科学四科。每位学生准备一个作业袋，以帆布袋为最佳，让学生在前一天晚上就把第二天要交的作业都整理到作业袋里。到校以后，直接从作业袋中拿出作业，一一对应地交在教室外的作业角即可。入室即静，入座即学。这样既节省了在书包内翻找作业的时间，又大大提高了早读的效率。等学生到齐了，作业也基本收齐了。

教室布置的一些好点子

◇在教室的墙上垂下一根绳子，把学生作品用夹子夹在绳上，既节省空间，又方便挂上与取下。

◇每天在布告牌上粘贴一些谜语、难题，再在布告牌上粘贴几个纸口袋，把答案藏在口袋里。学生可以先自己思考答案，然后通过翻看口袋中的答案来核实自己是否答对了。

◇用各种材料装饰布告牌的边。例如：废弃的织物、游戏币、丝制的印花彩带、树叶、贺卡、照片等。

◇把实物贴在布告牌上，羽毛、花朵标本、饰物等都可以作为制作布告牌的材料，可以使布告牌充满立体感，丰富的材料也可以吸引学生的注意力。

◇班级管理中常用的一些字句，如“年”“月”“日”“星期”“第”“周”“值日生”可以做成牌子，数字则根据重复使用的频率多做出几组。这些小小的物品可以减少粉笔的使用率。

◇覆盖一层塑胶膜。在撕撕又贴贴的同时，常会破坏一些教室原有的布置。可在表面贴上一层塑胶薄膜，这样既不会破坏美观，又能预防损坏和褪色。

学思结合

令人惊艳的板报

又到了每学期板报评比的时候了，各个班级的班主任老师可谓使出了浑身解数，在板报布置上下足了功夫。

走进这间教室，扑入眼帘的是满满的绿意，几片硕大的荷叶，几朵含苞的荷花，几条俏皮的鱼儿静静地贴在墙面上，煞是好看。走进那间教室，那颗硕大的蓝色星球一下子抓住了访客的眼球，整面墙都被布置成了一条美轮美奂的银河，奇幻美妙。接连走进几间教室，浮现在眼前的皆是令人惊艳的布置，湛蓝的大海、茂密的竹林、金黄的向日葵海……

在心灵手巧的老师们和家长们的协作下，一面面墙壁华丽转身，将教室装点得精美别致。可走近仔细一瞧，竟发现这精心布置好的板报上，几乎找不到学生的踪迹，只能偶尔在角落里找到几张学生的作品。

请仔细阅读上面的案例，认真完成下列任务：

（1）对案例中的教室布置的方式进行评价。

（2）如果你是班主任老师，根据教室布置的原则，你将怎样安排板报设计？

步骤 3 及时更新与调整

如何才能让教室布置在有限的空间中发挥最大的价值？需要特别注意的一点就是教室环境布置不能一成不变：学生座位需要及时调整；主题墙的每月主题需要根据学校要求及时更换；学生作品展也应注意定期轮换；等等。同时，根据班级具体情况，可以定期轮换相应板块的布置。

学思结合

鱼与熊掌，不可兼得？

“又是最后一名……”看着板报的评比结果，谢老师深深地叹了口气。在她的观念里，学生是班级的主人，更是教室的主人。因此，她一直主张让学生充分参与到板报布置的活动中来，很少请家长协助，鼓励学生自己设计、自己动手布置，让学生在板报布置的过程中发挥主人公的作用，充分锻炼学生的动手能力、绘画能力、组织能力。

可是，学生的能力毕竟有限。很多时候，设想很美好，现实却很骨感。由学生花费大量时间布置完成的板报，虽诚意满满，却显得稚嫩、简单甚至粗糙，总是不及其他班那么精美别致。在学校德育处组织的评比中，常常排在最后几名。学生没了信心，对板报布置的热情渐渐消退，连谢老师也开始动摇了。到底有没有更好、更合适的安排，既可以让学生充分参与，又能让板报呈现出最佳的结果呢？鱼与熊掌，真的不可以兼得吗？

请仔细阅读上面的案例，认真完成下列任务：

（1）对案例中的教室布置进行评价。

（2）如果你是谢老师，你将如何安排教室板报布置？

评 价

请仔细阅读表 6-1 教师布置 PTA 检核量表的评分标准，然后对照进行评价。

（1）请对你在“学思结合”环节的案例思考进行自评和他评，并将结果填写在表 6-1 中。

（2）在自评和他评的基础上，进一步修改和完善“学思结合”环节的案例思考。

表 6-1　教室布置 PTA 检核量表

评价指标	评分标准 （每条标准满分 5 分，取整打分， 重在厘清得分依据与扣分理由）	得分	
		自评	他评
A. 合理布置	A1. 布置时充分合理利用教室空间		
	A2. 教室的布置能突出班级特色		
	A3. 教室布置的花费经济实惠		
	A4. 用于布置教室的材料安全牢靠		
B. 共同布置	B1. 班级内人人都能参与布置		
	B2. 布置过程中，学生能共同思考、讨论并参与材料制作		
C. 及时调整	C1. 教室布置丰富但不杂乱		
	C2. 教室布置能配合节庆及学校或班级活动调整		
	C3. 教室布置能根据教学需要及时调整		

任务二 教室保洁

目 标

1. 通过查阅、观察、交流等方式，了解教室保洁的重要性，掌握教室保洁的原则，了解教室保洁的内容。

2. 通过自主尝试、反复调节、深入学生等，能够按照基本步骤布置教室保洁任务，并能很好地维护教室清洁。

引导案例

一屋不扫，何以扫天下？

“上周获得流动红旗的班级有107班、205班、308班、403班、504班、602班……让我们以热烈的掌声恭喜以上班级。”为了培养学生良好的卫生习惯和劳动习惯，学校每周都会开展“流动红旗”的评比活动。听着主席台上的播报，王老师心里忍不住犯起了嘀咕：怎么又没我们班？

王老师是一位认真负责的新老师，她在日常的班级管理中非常注重教室的环境卫生。王老师一有空就在教室里转悠，看到地上有垃圾，连忙弯腰捡起；看到学生桌椅歪了，连忙动手对齐摆正；看到放过餐盘的桌子上留下了汤渍，连忙拿来抹布擦干净……放学后值日生打扫卫生时，她也是全程在场监督，甚至与学生一起打扫卫生，不搞干净决不罢休。但这样的坚持，却没有达到预期的效果。只要王老师有一天不在，或是没空监督时，教室里就是一片乱糟糟。看着隔壁班一连好几周拿到“流动红旗”，这让王老师犯了愁。到底是怎么回事呢？明明花了不少时间和力气在卫生管理上，怎么没效果呢？

古语云：“一屋不扫，何以扫天下？”一个班级三四十个学生，一整天的学习活动基本上都在教室里进行。当我们走进各个班级时，常常会有不同的感受。有的班级一走进去，就会让人感到格外舒爽，眼前一亮：桌椅摆放整齐，地面干净，台面清爽，窗户明亮，就连学生抽屉内也整理得井井有条。而有的班级则呈现出一副杂乱无章的样子：桌椅歪歪扭扭，遍地污渍，纸屑无处不在，更不用说那一个个被课本、文具和杂物挤得满满当当的抽屉了。

有位著名教育家曾这样说道："要想改变一个人，必先改变他的环境，环境改变了，他就被改变了。"苏霍姆林斯基说过："只有创造一个教育人的环境，教育才能收到预期的效果。"优美的班级环境能对学生产生潜移默化的教育作用。一个舒适、优雅、愉悦的班级环境，能给学生增添学习与生活的乐趣，消除学习的疲劳，使学生在心情愉悦的氛围中获得感悟，产生蓬勃向上的力量。

准　　备

微课：教室保洁（罗燕）

整洁的环境可使人感到神清气爽，有利于教学效率的提升。为此，教师应该拟定教室保洁的计划，由师生共同保持教室环境的整洁和卫生，以维护师生的健康。在此过程中遵循以下原则：为学生提供教室整洁的标准；人人有事做，事事有人做；注重日常保持；日常消除教室里的"脏"和"乱"，同时定期安排大扫除，对教室进行彻底的清扫。此外，对每个同学日常卫生习惯的养成与督导亦非常关键。

通过具体案例，基于所学的知识开展班级环境保洁工作。

行动一　教室日常保洁

步骤 1　安排值日生表

1. 确定时间

在排值日表之前，教师要提前了解学生的时间安排情况，询问学生放学后是否参加学校体训队、合唱队、鼓乐队、舞蹈队等训练。在初次排表时避开这些活动，可以省去后期反复调换的麻烦。

2. 分配任务

排值日表时根据学生的劳动能力、组织能力，尽量平均分组。比如，每一组都需要安排一位劳动能力、责任心较强的学生来担任组长，以确保值日可以更加有序地开展。同时，也要根据学生的身高、劳动特长安排值日任务。比如，擦黑板的任务尽量分配给个高的学生，擅长扫地的学生先安排其扫地。后期可以根据具体的实施效果或学生的意愿进行调整。

步骤 2　划定值日区域

在日常的班级管理中，或许都曾出现过一张无人认领的纸片，孤零零地躺在地面上无人打扫。问问这个学生，说“这不是我的打扫范围”，问问那个学生，又说“这个区域不归我打扫”。这不但影响打扫效率，也不利于培养学生的班级集体荣誉感。之所以出现这种情况，就是因为像“第一大组”“第二大组”“教室前面”“教室后面”这样的文字说明，很容易出现误会和分歧，没有对值日任务进行明确的区域划分。为了解决这个问题，教师可以依据教室平面图把值日的区域划分清楚，让学生一目了然，如图 6-2 所示。

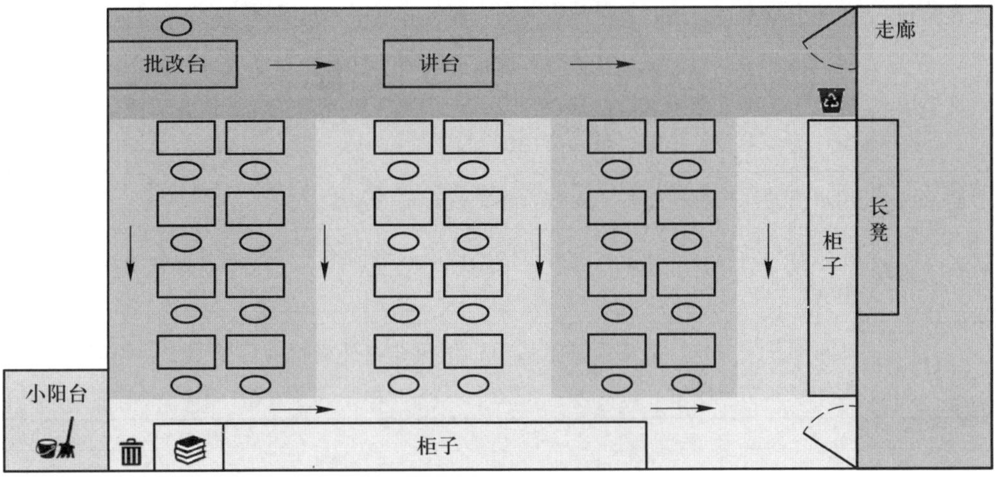

图 6-2　值日区域划分

步骤 3　教授打扫方法

很多班级的值日生表都比较简单，只是列举了值日的时间、任务和人员分配，并没有说清楚具体的要求，也没有教会学生如何去打扫。这导致学生值日结束之后，仍存在窗户没有锁上、桌椅没有对齐、垃圾袋没有翻好，卫生工具没有摆放整齐等各种问题。如果教师事先把值日任务传达清楚，把具体的要求告知学生，这些问题就可以避免。此外，教师不光需要用文字做具体说明，在刚分配好打扫任务时，也需要对学生进行手把手的指导和亲身示范。清洁任务完成方法如表 6-2 所示。

表 6-2　清洁任务完成方法

任务	方法
扫地	按照划定的区域，从前往后扫，尤其要注意角落里的垃圾、两张课桌之间的垃圾
拖地	扫完地之后再拖地。拖把不可太湿，拧干一些再用。从前往后倒退拖地，避免把刚拖干净的地面踩脏。顽固污渍应重点清理，必要时可喷洒清洁剂

续表

任务	方法
倒垃圾	拖完地之后再换垃圾袋。垃圾袋口要翻好，可以打个结，防止垃圾袋下滑。倒垃圾前，检查垃圾分类是否正确
擦黑板	先用黑板擦把黑板擦干净，再用湿抹布擦一遍。黑板槽内的短粉笔可以扔掉，黑板槽同样也需要用湿抹布擦干净
整理台面	批改台和讲台上的杂物放置整齐，粉笔盒内过短的粉笔扔掉，换上新的粉笔。最后再用湿抹布把讲台上的粉笔灰擦干净
关电脑	关闭电脑之后，检查电源是否关闭，红灯熄灭即为关闭成功
排桌椅	第一排桌子不超过黄色警戒线，横排左右对齐，竖排前后对齐。注意座位间隔的大小，可以坐一坐看看是否合适。先从第一排开始排，从前往后排，排好一组作为参考，再排第二组、第三组
擦窗台	用半湿的抹布擦拭里外的窗台，注意角落里的灰尘
打扫小阳台	小阳台最后打扫，注意水池的清洁，地面的水渍拖干，卫生工具按照要求摆放整齐
关闭门窗	从里面关好窗户，从里面锁上后门，用钥匙在外面把前门锁起来。锁好门后，把钥匙交给老师

步骤 4　明确值日标准

每天值日生打扫完成之后，请值日组长对照值日标准表，如表 6-3 所示，逐一检查各项任务是否按照要求完成。尽量做到不遗漏、不返工。为了使某些打扫项目的要求更加具体、直观，可以附上相应的照片，让学生明白打扫合格的标准。

表 6-3　值日标准表

内容	卫生标准
地面	无垃圾、灰尘、污渍等
黑板	黑板和黑板槽干净整洁
讲台	桌面干净整洁无杂物，粉笔盒替换新粉笔
电脑	电脑关机，电源关闭
桌椅	桌椅摆放整齐
窗台	窗台和窗槽干净整洁，无杂物
垃圾桶	更换好新的垃圾袋，打好固定结
小阳台	卫生工具摆放整齐
门窗	关闭窗户，扣好锁扣；后门从里面反锁

值日方案刚开始实施的时候，打扫卫生花费的时间会比较长，出现的问题也会比较多，因此在前期教师应当尽量全程参与，在需要时，给予学生适当的帮助和指导。务必把每一项标准落到实处，教师也可以共同参与值日，手把手指导到位。只有前期下足功夫，才能苦尽甘来。等到值日小组能够基本上独立完成值日任务时，教师可以放手让学生去做，最后检查验收即可。

步骤 5　勤抓日常保持

任何教育都不是一劳永逸的。要想维持教室的环境整洁，保证值日活动的高效达成，后期的检查、反复提醒、适度奖惩都需要不断跟进与调整。促进学生养成良好的劳动习惯，懂得做事要有始有终、细节决定成败的道理。把追求极致、高效、有序、优质的学习生活环境的理念自然地融入学生的潜意识中，并以自己的实际行动影响身边的人。

行动二　学生个人保洁

如果班级里的每个学生都能保证个人卫生及自己座位附近的卫生整洁，那么放学后的教室卫生打扫起来会简单很多。关于学生个人卫生习惯的养成，我们始终要明确，这是一个长期计划，需要教师一次又一次地检查督促和不厌其烦地纠正。学生个人保洁重点包括以下三个方面：

1. 座位地面及周围

抓住每一次课间的巡视，教师看到地面上有垃圾，就提醒学生及时捡起。在课堂上，学生在做练习，教师在室内巡视时，也应关注到地面卫生，主动捡起地上的垃圾，为学生做榜样和典范。教师还可以在美术课、手工课后组织一些小游戏，比如“比比谁捡到的纸屑多”，来激发学生的主动性。

2. 桌面和抽屉

每日放学前，要求学生整理好各自的桌面、抽屉。桌面干净的标准是：没有乱涂乱画，没有纸屑、橡皮屑。抽屉整齐的标准是：没有乱涂乱画，不留垃圾，物品摆放整齐。

教师要不定期抽查，拍照留存，第二天在班级内统一反馈。也可以请抽查不合格的学生做检查员，负责检查全班的桌面和抽屉，直到检查到下一个不合格的同学来替换他。在监督他人的过程中，无形中也提高了学生对自己的卫生要求，也学习了其他同学的整理方法，一举多得。

3. 柜子

在学生的柜子上贴上学号，方便一一对应。课间、放学后甚至学生开柜门拿东西的时候，都是教师检查的时机。看见一次督促一次，让学生养成好的习惯。教师要在全班大力表扬做得好的学生，并请他们来分享整理和收纳的心得，还可以在班里开展整理收纳比赛。

行动三　大　扫　除

步骤 1　前期准备

大扫除之前，提前通知学生准备好清洁工具，如小抹布、清洁海绵、清洁球……专门用来清洁自己的桌子、抽屉、椅子、柜子。

步骤 2　任务分配

教师先罗列出教室公共区域的大扫除任务，细化到每一扇窗户、每一扇门、每一条长凳、每一个收纳盒等。平日里容易忽略、不怎么打扫得到的地方，比如讲台底下、门背后、窗框等卫生死角，在大扫除过程中统统需要安排打扫。

然后，请学生自主申报。根据具体情况由教师和劳动委员具体分配。一旦承包，这个大扫除任务便是长期固定的。比如明明负责擦拭教室的前门，那么他就一直负责擦这扇门。大扫除开始后，他就一心一意地完成自己擦门的任务就可以了。任务承包制度，增强了学生的责任感，减少了劳动时当场分配任务的互相推诿或互相争抢现象，也节省了重复分配劳动任务的时间。对于自己所承包的任务，每个学生都能够在一次又一次的实践中，积累起丰富的经验。大扫除的时候要带什么样的工具，怎么打扫，哪个部位最难打扫，每个学生都非常清楚。这不正应验了那句：术业有专攻。长期坚持做好一件事，熟练程度慢慢提高，劳动效率自然也就大大提高了。

此外，教师还需要安排一名总指挥，3～4 名机动人员。在大扫除过程中，担任总指挥的同学在各处巡查，提醒各位同学需要注意的地方，也督促同学们抓紧时间认真干活。当有同学因病或因事缺席时，机动人员可以顶岗帮忙完成任务；当有同学干活遇到困难或偷懒时，机动人员可以及时加入，一边帮忙一边督促；当一切照常时，机动人员便可以充当临时检查员、质量评比员。

步骤 3　安全细节不能忘

在班级大扫除的过程中，地面湿滑，学生年幼又调皮，难免会出现一些安全小事故。教师应当全程参与大扫除，以确保学生安全。另外，需要注意电风扇或空调的擦拭、高处窗户的清洁尽量由教师来完成，或者是请班级里个子高的家长来帮忙一起完成。

学思结合

我的任务完成了

一天放学后，值日生们正在教室里做最后的打扫。班主任金老师给每个值日生都分配了任务，要求细致又明确。当金老师走进教室时，就发现值日生们正认认真真地忙着手头的活，只有小朱除外。他呆呆地坐在一边的长凳上，也没有要帮忙的意思。小朱的打扫任务是擦黑板，黑板早已被他擦拭得干干净净，连黑板槽里也不留一点粉笔灰。看着其他值日生忙碌的身影，金老师心想：团队协作也很重要，他一个人这样闲着也不好。便开口提醒道："小朱，你去帮帮其他同学吧。"没料到小朱却仍旧坐着一动不动，不太情愿地反驳道："老师，每个值日生都有自己的任务，我的任务已经完成了！他们也没有特殊情况，不需要我去帮忙。"一时间，金老师也不知道说什么好。分工明确是件好事，能让值日生各司其职，人人有事干，事事有人干。但若过于强调分工，难免会让学生之间少了一些互帮互助的人情味。怎么调整才好呢？

请仔细阅读上面的案例，认真完成下列任务：

（1）对案例中的教室保洁的方式进行评价。

（2）如果你是金老师，你将进行怎样的调整？

评　　价

请仔细阅读表 6-4 教室保洁 PTA 检核量表的评分标准，然后对照进行评价。

（1）请对你在"学思结合"环节的案例思考进行自评和他评，并将结果填写在表 6-4 中。

（2）在自评和他评的基础上，进一步修改和完善"学思结合"环节的案例思考。

表 6-4 教室保洁 PTA 检核量表

评价指标	评分标准 （每条标准满分 5 分，取整打分， 重在厘清得分依据与扣分理由）	得分	
		自评	他评
A. 准确性	A1. 对教室保洁的含义认识准确		
	A2. 对教室保洁的原则认识准确		
	A3. 对教室保洁的步骤认识准确		
B. 细致性	B1. 明确教室保洁的方法		
	B2. 明确教室保洁的标准		
	B3. 人人有事做，事事有人做		
C. 有效性	C1. 监督日常值日的质量		
	C2. 定期安排教室大扫除，清洁卫生死角		
	C3. 设立奖惩制度促进教室保洁		

本单元小结

班级环境是学校环境的一个重要组成部分，它是指对班级成员的发展产生影响的各种外部条件的总和。一般来说，班级环境可以分为物理环境和心理环境。其中，物理环境是班级环境中有形的、静态的自然环境、设施以及时空环境。

教师应配合教学以及学校或班级活动的需要，对教室进行合理的布置。教室布置应在保证安全、经济实惠的前提下，突出班级的特色，并让全班学生都参与到教室布置工作中来。班级保洁的工作也是班级环境管理的一项重要内容。班级环境的整洁，最重要的是靠学生的卫生习惯来加以维护和保持。教师要为学生提供教室保洁的标准，并且明确每位学生的具体任务。

活动体验

教室是孩子学习的主要场所。教室的布置是一门潜在的课程，它具有无形的教育力量，往往会起到“随风潜入夜，润物细无声”的作用。请到中学或小学做一下调查，学生对他们的教室环境是否满意？为什么？你认为应如何改进教室的布置？

反思与探究

环境对学生行为举止有重要的影响，通过环境的改造，可以使教室充满学习和愉悦的气氛，引发学生的学习兴趣，防止学生偏差行为发生。戈登在 1974 年曾提出六种改造班级环境的技术，颇具参考价值，教师可视具体情况而选择使用：(1) 富化环境，如布置教室、改变不同教学方式、各种教学媒体的运用以提高学生的学习兴趣；(2) 贫化环境，如设置宁静角落、整理杂乱教室以减少环境对学生的干扰；(3) 扩大环境，如室外教学、实物实地参观，而不局限于教室；(4) 限制环境，如学生交谈音量的规范、指定可以游戏的特定地方、规定使用某些场地设备的时间或条件等；(5) 重组环境，如将体育课调到数学课后以配合生理状况的调节，将音乐班教室从普通班教室移至不会干扰到其他班上课的地方；(6) 简化环境，从儿童发展的角度来安排环境，如课桌椅符合其身材大小，教具和图书的放置配合其身体的高度等。

问题：

(1) 上述班级环境改造技术似乎有一些相互矛盾之处，如“富化”与“贫化”、“扩大”与“限制”，对此你是如何认识的？

(2) 结合一定的情境，将上述改造技术合理地运用到某一具体的班级环境管理中（如教室墙壁的布置等），并阐述你这样做的理由。

推荐阅读

1. 洪耀伟. 理想的教室：教室环境布置和空间设计利用［M］. 上海：华东师范大学出版社，2017.

2. 洪耀伟. 打造最美的教室：教室环境布置创意设计与典型案例［M］. 上海：华东师范大学出版社，2020.

单元七

学生作业管理与操行评定

【学习目标】

通过本单元的学习与训练，你能够：

1. 掌握作业管理的基本原则。
2. 根据学生的身心特点和学科特点设计作业。
3. 按照操行评定的基本原则对学生进行学期（学年）评定。

任务一　学生作业管理

目　　标

1. 通过查阅、比较、深度思考和交流，形成对学生作业的正确认识，并能对学生作业管理的基本原则做出精准、全面、有深度的解读。

2. 通过自主尝试、学习优秀案例、深度交流等，按照作业设计的基本原则、以达成基本教学目标和促进学生个性发展为宗旨进行合理的作业设计，并能对作业进行收集和批改、订正。

引导案例

于老师的“周一作业”

于老师是一位入职不足三年的新教师，她担任四年级3班的班主任兼语文老师。对于教学，于老师很有自己的想法，她平时工作认真负责，对待孩子们也很有耐心。但是于老师所教班级的语文成绩一直在年级下游徘徊不前，为此她感到很苦恼。

2019年10月一个周一的早上，语文课刚上课，于老师正在指导学生交作业。于老师说：“先交第一项作业——周记，请小组长进行统计。”小组长很快就报告有2人未交第一项作业。接着于老师说：“没交的同学等一下向我说明情况。现在开始交第二项作业——好词好句采蜜本。”学生们很快交上来了五花八门的本子，大大小小很难摆放整齐，课代表费力地整理了一番，勉强叠成一摞。于老师看着讲台上的作业问：“这一项作业都交齐了吗？”同学们异口同声地回答：“齐了。”于老师说道：“很好，现在我们交第三项作业，是什么？”有的同学说是词语抄写，有的同学说是试卷，还有同学说是练字单。看见乱哄哄的一片，于老师翻看了上周五作业布置的记录，投影到了大屏幕上，确定了第三项作业是练字单。随后各个小组长开始收练字单，很快多个小组长来跟于老师汇报：第三组的小军和第七组的小方没交，说是忘记打印了，于是就没做；第四组的小王少做了2题，只练了2题……听到这里，于老师大声地说："没交作业、没完成作业的同学请你课后找我说明解决办法。"接着，于老师又说："第四项词语抄写和第五项第三单元的练习卷都不用上交了。老师今天课很多，来不及批改了，稍后我们还是和以前一样，同桌互相批改，老师讲评。"

这节课的前10分钟就在交作业中过去了。随着老师的指令，学生们熟练地拿出红笔，并与同桌交换了作业，做好准备等待老师讲评。于老师开始用投影仪投影出练习卷的答案，逐题讲解分析，然后叫学生对着老师给出的答案进行批改。当于老师讲解到试卷的第五题"口语交际"时，她说："这一题不用批改了，我们一般不考这样的题目，上周五布置的时候老师忘记跟你们说这题不用做了，咱们接着看下一题。"学生开始窃窃私语："哎，早知道这题就不写了，写了也白写。"看到同学们有一些躁动，于老师说："大家上课不要讲小话，我们继续讲下一题。"

下课铃声响了，试卷还有将近一半的内容没有讲完，于老师说："刚才讲过的内容大家自主订正，剩下的内容下节课再分析，咱们先下课。"

上午第四节语文课开始了，于老师说："今天我们有新课的任务，先上'12. 盘古开天地'的第一课时，试卷等下午找时间分析。"

在第四节课上课之前的第二、三两节课，于老师批改了同学们上交的周末作业。她发现很多学生的周记存在流水账或者缺乏真情实感的问题，并且学生的字大都不认真，为此她有点生气。接着她批改了几位同学的好词好句采蜜本，发现错别字很多，抄写的句子不生动也不优美。于老师没有了继续批改下去的热情，于是开始采用最简单的批改形式，只打一个日期和星级。20分钟后，于老师勉强批改完了好词好句采蜜作业。

在放学前20分钟，于老师简单反馈了周末作业的情况，她表扬了好词好句采蜜作业三星级的同学，并做了展示，要求一星级和二星级的同学改进。于老师又说："周记批改好了，但你们态度很不端正，今天没时间具体反馈了，先发下来，你们自己看着订正。练字单也来不及批改了，先发下去，明天找时间再分析。”接下来，于老师布置了今天的家庭作业：

1. 读今天所学课文“盘古开天地”两遍，抄写词语两遍，并把故事讲给家长听。

2. 自主阅读 30 分钟，“采蜜”10 个好词、5 个好句。

3. 完成拓展阅读训练一篇。

4. 订正周末作业。

你认为在上述案例中，于老师在学生作业管理中存在的问题有哪些？可以采取哪些改进方法？

准　　备

学生作业管理以实现作业有效性为目标，即达成学校教育教学目标，促进学生个体综合素质发展。实现作业有效性需要学生作业管理遵循一些基本原则，包括精选作业内容、丰富作业形式、实施作业分层、确立作业规范。具体而言，作业内容“少而精”，以适量为宜，突出典型性、启发性及系统性，让学生能从作业中巩固知识、锻炼能力、养成良好习惯；作业形式丰富，突出多样性、实践性、开放性；针对学生个体差异设计分层作业，促进学生发展；为保障作业的理想效果确立作业规范，让学生参与包括作业收集、批改、订正等环节，发挥学生的主动性，增强作业有效性。教师在实际教育教学过程中应不断地将上述原则融于实践，逐步形成良好的作业管理能力。

微课：作业管理
（程红秀）

教育部办公厅关于加强义务教育学校作业管理的通知

教基厅函〔2021〕13 号

各省、自治区、直辖市教育厅（教委），新疆生产建设兵团教育局：

为贯彻落实中央有关精神，进一步规范学校教育教学管理，全面提高教育教学质量，坚决扭转一些学校作业数量过多、质量不高、功能异化等突出问题，现就加强义务教育学校作业管理有关要求通知如下。

一、把握作业育人功能。作业是学校教育教学管理工作的重要环节，是课堂教学活动的必要补充。各地各校要遵循教育规律、坚持因材施教，严格执行课程标准和教学计划，坚持小学一年级零起点教学。在课堂教学提质增效基础上，切实发挥好作业育人功能，布置科学合理有效作业，帮助学生巩固知识、形成能力、培养习惯，帮助教师检测教学效果、精准分析学情、改进教学方法，促进学校完善教学管理、开展科学评价、提高教育质量。

二、严控书面作业总量。学校要确保小学一二年级不布置书面家庭作业，可在校内安排适当巩固练习；小学其他年级每天书面作业完成时间平均不超过 60 分钟；初中每天书面作业完成时间平均不超过 90 分钟。周末、寒暑假、法定节假日也要控制书面作业时间总量。

三、创新作业类型方式。学校要根据学段、学科特点及学生实际需要和完成能力，合理布置书面作业、科学探究、体育锻炼、艺术欣赏、社会与劳动实践等不同类型作业。鼓励布置分层作业、弹性作业和个性化作业，科学设计探究性作业和实践性作业，探索跨学科综合性作业。切实避免机械、无效训练，严禁布置重复性、惩罚性作业。

四、提高作业设计质量。学校要将作业设计作为校本教研重点，系统化选编、改编、创编符合学习规律、体现素质教育导向的基础性作业。教师要提高自主设计作业能力，针对学生不同情况，精准设计作业，根据实际学情，精选作业内容，合理确定作业数量，作业难度不得超过国家课程标准要求。各地教育行政部门要经常性组织开展作业设计与实施的教师培训与教研活动，定期组织开展优秀作业评选与展示交流活动，加强优质作业资源共建共享。教研机构要加强对学校作业设计与实施的研究与指导。

五、加强作业完成指导。教师要充分利用课堂教学时间和课后服务时间加强学生作业指导，培养学生自主学习和时间管理能力，指导小学生基本在校内完成书面作业，初中学生在校内完成大部分书面作业。

六、认真批改反馈作业。教师要对布置的学生作业全批全改，不得要求学生自批自改，强化作业批改与反馈的育人功能。作业批改要正确规范、评语恰当。通过作业精准分析学情，采取集体讲评、个别讲解等方式有针对性地及时反馈，特别要强化对学习有困难学生的辅导帮扶。有条件的地方，鼓励科学利用信息技术手段进行作业分析诊断。

七、不给家长布置作业。严禁给家长布置或变相布置作业，严禁要求家长批改作业。引导家长树立正确的教育观念，切实履行家庭教育主体责任，营造良好家庭育人氛围，合理安排孩子课余生活，与学校形成协同育人合力；督促孩子回家后主动完成学校布置的作业，引导孩子从事力所能及的家务劳动，激励孩子坚持进行感兴趣的体育锻炼和社会实践；不额外布置其他家庭作业。

八、严禁校外培训作业。各地要按国家有关规定，把禁止留作业作为校外培训机构日常监管的重要内容，坚决防止校外培训机构给中小学生留作业，切实避免校内减负、校外增负。

九、健全作业管理机制。各地教育行政部门要指导学校完善作业管理细则，明确具体工作要求，并在校内公示。学校要切实履行作业管理主体责任，加强作业全过程管理，每学期初要对学生作业作出规划，加强年级组、学科组作业统筹协调，合理确定各学科作业比例结构，建立作业总量审核监管和质量定期评价制度。

十、纳入督导考核评价。各地教育行政部门要将作业管理纳入县域义务教育和学校办学质量评价。督导部门要将作业管理作为规范办学行为督导检查和责任督学日常监管的重要内容。学校要把作业设计、批改和反馈情况纳入对教师专业素养和教学实绩的考核评价。各地要设立监督电话和举报平台，畅通反映问题和意见渠道，切实落实各项工作要求，确保义务教育学校作业管理工作取得实效。

教育部办公厅

2021 年 4 月 8 日

学思结合

请小组合作学习《教育部办公厅关于加强义务教育学校作业管理的通知》，领会我国当前关于作业管理的相关要求，理解其内涵，并思考这些要求将对自己今后的教学有怎样的影响。

通过下面行动中的具体案例，运用所学作业管理相关知识，提高对学生作业管理的能力。

行动一　学生作业的合理设计

步骤 1　深入研究课程标准、教材及学情

“作业”是一种有目的的活动，其对象是学生，学生能力发展是作业的终极目标。更通俗地来说，作业是为了检验学生对知识的掌握，让学生通过练习去运用知识来解决问题，获得能力的发展，同时教师也可以从作业完成情况中了解学生对知识的掌握情况，为教学方案提供评价和完善的依据。因此，作业的设计要落实课程标准对该年龄段学生的要求，要落实教材编排中一个单元甚至

一个课时的具体学习目标，同时又要基于学生学情，设计一些符合本班学生实际的作业，以促进学生的发展。

以统编小学语文教材三年级下册第八单元（下文简称“第八单元”）的解读为例。本单元的人文主题是“有趣的故事”，语文要素是“了解故事的主要内容，复述故事”。结合《义务教育语文课程标准（2022 年版）》对第二学段的“阅读与鉴赏”活动的第四条要求是“能复述叙事性作品的大意，初步感受作品中生动的形象和优美的语言，关心作品中人物的命运和喜怒哀乐，与他人交流自己的阅读感受。”课程标准中对于“复述能力”的表述含义深刻，需要老师深入体会教材体系并落实。纵观整个统编小学语文教材，对复述能力的培养始于二年级，融合在课文练习之中，比如《小蝌蚪找妈妈》《小马过河》《蜘蛛开店》等的课文练习题，都编排了复述练习。第一学段中借助关键词复述就是为第二学段的详细复述做铺垫。三年级上册则要求学生沿用之前的方法练习复述能力。三年级下册第八单元要求学生以表格、示意图为支架来详细复述故事，语文园地中的“词句段运用”也提示学生“用自己的话转述别人说的话”的方式来复述故事。至此一般意义上的复述能力就已经基本形成。把准一册教材在整个学段的位置与目标，并在设计作业时以此为基点，体现语文要素学习的层级，以确保学生能力的发展呈现螺旋式上升之态。

课文是一册中的一课，也是一单元中的一课。统编小学语文教材围绕单元要素加强了单元内部的横向联系。因此教师在设计单元作业时，首先要系统整理语文要素训练点和助学系统，整合单元学习目标，再挑选和整理、分化为单元作业目标。第八单元在编排时从复述支架的选择和复述内容的范围两个维度逐步提高要求，并穿插助学系统帮助落实语文要素（见图 7-1）。

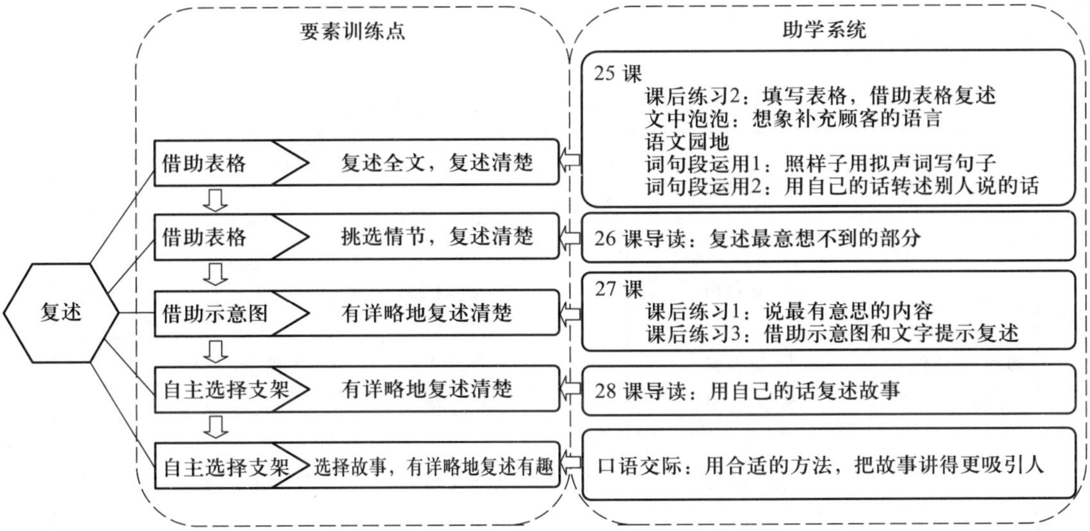

图 7-1　第八单元“复述”助学系统梳理

梳理后可知，统编小学语文教材用导读、文中泡泡、课后练习、语文园地等助学系统，引导学生从借助单一的支架复述到选择不同的支架复述，从把全文复述清楚到有详略地复述故事，再到复述有趣，逐步提高复述能力。

同样的课程标准、同样的教材体系落实到不同的学生个体会有巨大的差异。同一课内容的复述，对于不同地域的学生可能存在不同的情况，对同一个班的不同学生也会有差异。学生的学情实际，需要教师仔细去把握。例如，在梳理第八单元要素训练点和助学系统后，教师要挑选其中具有可检测性的内容，根据单元目标中预期的学生能力水平进行分类，确定单元作业目标能力层级。目标能力层级从低到高可分为知道、理解、运用、综合四个层级。(1)“知道”层级，简单地记忆、提取信息；(2)“理解”层级，简单信息处理；(3)“运用”层级，运用所学方法和技能解决问题；(4)“综合”层级，整合信息、综合能力解决问题。根据能力层级，梳理第八单元“复述”要素的作业目标：(1) 提取显性信息，填写表格、示意图等支架；(2) 转述别人说的话，照样子用拟声词；(3) 借助支架，用自己的话有详略地复述故事；(4) 大方地讲故事。

只有深入细致地研究课程标准、教材和学情，确立合理的目标，并在此基础上展开的作业设计才具有针对性和有效性。

步骤 2　基于教学目标、教学内容设计丰富的作业

教学目标是有效作业设计的出发点和归宿，是有效作业设计的核心和灵魂，它决定着有效作业的题型选择，习题取舍、设计和编排，决定着有效作业设计的方向。有效作业针对教学目标设计，通过作业的质量可以反馈教学目标的达成度。同时通过有效作业的完成，能使学生将所学的知识点运用于作业中，从而提升学生对知识的理解和运用能力，在丰富的作业实践中满足学生能力发展需求与个性发展需求。

表 7-1 是基于单元作业目标、能力层级和学生发展需要，设计的“复述”单元作业双向细目表。

表 7-1　“复述”单元作业双向细目表

课文或栏目	作业目标	能力层级	作业设计		
			考核内容	作业内容	难度值
慢性子裁缝和急性子顾客	填写表格	4	提取信息	关键信息我来找	0.9
	借助表格复述故事	2	借助表格复述故事	借助表格我来说	0.6
	想象补充	3	填补文章留白	话外细节我来想	0.7
方帽子店	用自己的话复述你最意想不到的部分	2	借助思维导图复述部分情节	我会画思维导图，我会讲生动故事	0.5

续表

课文或栏目	作业目标	能力层级	作业设计		
			考核内容	作业内容	难度值
漏	借助示意图和文字提示，按照地点变化的顺序复述故事	3	借助示意图和文字提示有详略地复述故事	借图画，说西游	0.8
枣核	用自己的话复述故事	2	自主选择支架，有详略地复述故事	“复述”故事达标赛	0.6
趣味故事会	大方地讲故事	1	自主选择支架，自主选择故事复述	家庭故事分享	0.5
语文园地	照样子，用拟声词写句子	2	运用拟声词	倾听身边的声音	0.6
	照样子，用自己的话转述别人说的话	3	转述	小区新闻我来播报	0.8

以上的“复述”单元作业设计，是基于教学内容展开的，符合作业内容的精选性。首先，作业的目的明确。每次作业的要求是什么？学生通过练习和训练达到什么样的目标？通过本次作业，不同层次的学生分别要达到怎样的学习水平？从这份作业设计中都能一目了然。该作业设计将语文要素的习得与运用分解为若干个“知识点”或“方法点”，有梯度地落实，让学生一个台阶一个台阶地逐步上升，满足学生知识能力发展的需求。其次，作业具有系统性，作业布置既体现循序渐进、梯度提升，同时又关注了横向、纵向的交叉，更容易帮助学生形成和深化知识网络体系。再次，该作业设计也考虑到学生的个体差异和“分级”的能力水平，考虑到了学生的“最近发展区”，在同一时段为学生们设计不同难度的单元作业，以满足不同学生的个性发展需求，符合作业设计的分层性原则。最后，该作业设计在作业的形式上也突出了多样性、实践性。既有书面作业，又有听说作业，还有读课外读物、查资料、调查小区时事等实践性作业，在作业形式上有读、写、画、讲、听、看等不同形式。

步骤 3　依据学生作业反馈，启动教师反思系统

和教学能力的提高一样，教师作业设计能力的提高不是一蹴而就的，而是一个动态生成的过程，这就需要教师有较高的作业设计反思能力。具体而言，是指教师能结合作业的反馈情况对作业设计做出及时的修改和优化。这里的修改和优化包括两个方面的含义：一方面是对于全班作业的整体性反思，另一方面是对于存在个体差异的学生的作业的反思。

很多英语老师都认为，三年级的学生在学习了 26 个英文字母之后，就应该学会朗读、记忆、背诵、书写。大多数老师都会尝试运用编儿歌、制卡片、亲子互动等多种方法来要求学生在一定的时间内达成目标。但是，这样的作业往往很难得到反馈或很难执行。比如郊区或者农村地区的小学，学生家长根本没有能力与孩子进行英语互动，亲子互动的作业往往不了了之。同时，一刀切的作业方式，一定会让一小部分能力弱的孩子处于被动，无法完成作业。当教师接收到的学生作业反馈信息不尽如人意的时候，教师就应该启动“作业设计的反思系统”。反思作业设计存在哪些弊病，应该如何优化，并进行不断的修改、优化，以此提升教师的作业设计能力。

在学习了 26 个英文字母后，教师可以将作业设计分为必选作业和自选作业。必选作业是硬性指标，即学生必须完成关于 26 个字母的一定数量的复述和记忆内容。自选作业是弹性指标，可以是搜集生活中习见常用的字母并编制成小报，例如世界贸易组织——WTO，世界卫生组织——WHO，联合国——UN；或者是设计创意字母画，如图 7-2 所示。在搜集和创作的过程中，学生们会意识到“原来枯燥的字母这么神奇”，这样既激发了学生们的求知欲，又拓展了他们的视野。

创意字母图 1

创意字母图 2

创意字母图 3

创意字母图 4

图 7-2　创意字母图

同样，在学习 numbers 之后，弹性作业就可设计为搜集生活中的数字，并用英文表达：火警电话——one one nine；急救电话——one two zero；交通事故电话——one two two；等等。这能使同学们在完成作业的同时，既学会了询问，又发散了思维，强化了语言能力。

这种必选作业和自选作业相结合的方式遵循了学生存在个体差异的规律。教师可以设置必做题两项，选做题三项，难度用星号标出，不同数量的星号代表着不同的难度，让学生根据自己的实际情况自主选择完成几项作业。这样学生会积极主动、争先恐后地尽自己所能去完成作业，因为他们想在作业讲评中多得几颗星，谁都不想落后。

教师对于作业设计的反思是一个螺旋式上升的过程，是一个依据学生的作业反馈现实，多维度思考，一步一步地修改和优化作业设计的过程。

学思结合

一位母亲打给班主任的电话

有位母亲看着自己三年级的孩子每天被作业压低了头十分心急，孩子有时候甚至要写作业到晚上 10 点、11 点，再这样下去孩子将如何面对今后的学习呢？于是，她就去问了班级里几个家长朋友，结果发现不是只有自己的孩子有这种情况，询问的 6 个家长当中有 4 个家长的孩子也有这样的情况。但是，家长们又不好意思直接要求老师少布置一点作业，只能煎熬着。

2023 年 4 月 9 日，已经是晚上 9：50，这位母亲走进书房，发现自己的女儿握着笔趴在桌子上睡着了。这一刻，母亲的泪水无声地流下来。

过了一会儿，她鼓足了勇气，拨通了班主任的电话，哽咽地说："梁老师您好，这么晚打扰到您深感抱歉，本不想跟您说，但是真的太难了。刚才，我推门进书房的那一刻，看到孩子握着笔趴在桌子上睡着了，作为母亲我真的心疼孩子。三年级的孩子，每天晚上要写作业到十点，甚至更晚，有时候早上六点还要起来打卡读课文。我们女儿一直都很认真、努力，她真的把您当作她的榜样，只要是您布置的作业，不管多晚，不管多少，她全都是认认真真完成的。我也观察过，她是真的在做，不是零零散散地磨蹭。我，我……（这位母亲一度哽咽）我知道每个老师都有自己的教育方式，但是，我想每个孩子的情况不一样，老师是不是能给能力不同的孩子布置不同的作业？或者能不能各科老师商量一下布置多少作业？班主任合计一下作业总量，预测一下孩子大约需要花多长时间完成。梁老师，其实我也问过一些家长，这也是大家的心声，只是没有人跟您说。希望您能认真考虑一下咱们目前的问题，打扰您了。"没等梁老师回上一句话，电话已经挂断了。

根据以上情况，梁老师没有回拨电话，而是回了一条信息："某某妈妈，同是母亲，我能理解您此刻的心情。作为老师，我也很关注孩子的睡眠和身心健康，您叫孩子早点休息吧，没写完的作业先不写了，咱们明天再商量。"

之后，梁老师做出了一些努力。首先，她设计了"关于家庭作业的问卷"，对目前班级的各科作业情况、孩子的完成情况、家长的心声等做了调查。在深入分析之后，梁老师总结了当前存在的几个问题：一是作业量大，各科加起来作业总量太大；二是作业内容没有做到精选布置；三是“一刀切”，全班都是统一的作业，没有分层布置；四是作业的形式比较单一，以书面作业为主，其他形式的作业占比很少。接着，梁老师认真审视了自己所教的语文学科所布置的作业，她汇总了近一个月自己每天的作业布置情况，找出了自己的问题，做出了深刻的反思和改进。随后，梁老师建立了一个“家庭作业群”，以班主任的角色从整体上把控各个学科每日的作业量。她开始尝试把学生按照能力和特点进行分层，作业的设计也尝试着分层。虽然刚开始很辛苦，作业的收集和批改，尤其是讲评反馈有很大的难度，但有心的梁老师把“作业变革”的经验和收获写成工作手记，为下一阶段完善作业管理服务。

虽然这一路的转变很辛苦，但这样的实践是值得的。因为，一段时间之后，当她再次进行“关于家庭作业的问卷”的调查时，她发现孩子们的作业总量变少了，作业形式丰富了，家长们的“无奈”也减少了，学生写作业的态度更积极了。

请仔细阅读上面的案例，认真完成下列任务：

（1）对案例中的“作业变革”进行评价。

（2）如果你是梁老师，你将怎样继续优化作业设计？怎样进行作业的收集和批阅、订正？结合实例完善作业设计和管理。

步骤4　建立作业设计档案，丰富作业形式

《基础教育课程改革纲要（试行）》倡导学生主动参与、乐于探究、勤于动手，在教师指导下主动地、富有个性地学习。教师应该遵循多样性、实践性、

开放性等原则去设计作业。在教育教学实践中，教师会遇到各种困难，也会总结出各种经验，教师可以编制“作业设计档案”以为日后的作业设计提供借鉴和经验。

教师在设计某一课或者某一次假期作业后，可以根据学生较好的作业态度及作业完成情况，收录此次成功的作业设计，编制如表7-2所示的原创作业设计档案。教师在研读其他可参考的教辅资料或者相关主题的作业设计时，也可以摘记自己觉得有启发的作业设计，汇编成优秀作业设计档案，如表7-3所示。

表7-2 原创作业设计档案

原创作业设计档案 编号：	
班级	
学科	
日期	
作业内容	
共性问题	
优化设计	
案例分析	

表7-3 优秀作业设计档案

优秀作业设计档案 编号：	
年级	
学科	
摘录出处	
作业内容（文字或图片）	
自主思考	
优化设计	
实践反思	

行动二 学生作业的收集与批改

步骤1 建立“以生为本”的作业收集制度

教师应严格盯紧作业的收集，充分结合班级的实际情况，制定作业收集制度，保障作业的收集。为了发挥学生的积极性，可以把收集作业的工作交由学生负责。在交由学生负责之前，必须对学生进行系统的培训，培训内容应该包括收集作业的步骤、口号、登记、汇报、订正情况反馈等内容。

某校三年级的9个班级，建立了“五色卡作业收集制”来提高作业收集效率。具体操作步骤如下：

第一步，根据学情，把全班的30名学生分为A、B、C、D、E五个组，每组6人，对应设立深绿、浅绿、黄色、橘色、红色五种色卡。

第二步，班级作业登记册按照A、B、C、D、E五个组别设计并编制，在学生的每一本作业本的侧面都粘贴色卡贴纸并标上序号，使每个学生的每一项作业都有对应的色卡和序号。

第三步，收集作业的时候按照色卡和序号上交，由每个色卡的第一个序号当组长来负责作业的收集和登记，例如，A1负责A组的同学，B1负责B组的同学。组长要确保组内同学交齐作业，矫正学生不交作业的侥幸心理。

第四步，为调动学生的积极性，锻炼每个学生的能力，负责收集作业的组长可以每周轮换，如第一周A1，第二周A2，第三周A3……以此类推，让每个同学都得到锻炼。

除了上述例子中提及的“五色卡作业收集制”，还有“学号序列收集制”“座位序列号收集制”等形式。在布置分层作业时，作业收集形式也需要灵活应对，比如按分层的人员编制分层作业表张贴在教室的分层作业专项收发区域，由学生自主上交并登记，这样教师就可以一目了然。总之，“以生为本”的作业收集制度形式多样，可以根据班级的实际情况展开，灵活运用，其根本目的是提高作业收集的效率，确保教师能对每个学生的作业实施全面的监测与及时的把握。

步骤2 建立“日日清”的作业批改、订正制度

作业批改、订正方式灵活多样，教师应根据不同年级、不同学生的差异以及具体的作业内容等，灵活地、综合地运用多种方式。但无论采用何种批改、订正方式，“日日清”的批改、订正制度是最根本的制度。这里所指的“日日清”是指教师及时批改、及时订正学生的作业，保证当天就能完成。

周三，某校四年级8班的数学课，老师新授课内容为乘法的交换结合律，学校作业内容是课堂作业本2页，家庭作业是相应的拓展练习1页以及每日口算1页。作业批改、订正包括三个环节：

第一，课堂作业本的批改、订正，数学老师采用课上订正与课下批改相结合的方式进行。课上15分钟的时间，有一半的同学能基本完成作业，教师就在学生完成作业过程中一边巡视，一边拿着红笔批阅。用面批的形式指出学生作业完成的优点和不足，促进学生作业质量的提高和良好作业习惯的养成。

第二，对于当天的家庭作业，要求学生次日到校晨读之前上交，数学教师采用全面批改并登记的形式，对学生的作业情况全面把握。数学教师采用共性问题细致分析，个性问题自主订正，同伴互助的形式展开订正讲评，对于一部分学习能力较弱的学生则采用面对面二次单独辅导的形式，为其讲解分析，当

面订正。

第三，做好当天作业情况的反馈，及时表扬认真完成作业的学生，对未完成或未认真完成作业的学生要心中有数，给予必要的警示，但不要公开批评或训斥。对于学生不完成或不能完成作业的问题，教师要仔细分析原因，并采取有效措施加以解决。

学思结合

请你结合学生作业管理的基本原则和具体步骤，谈谈“引导案例”中于老师在作业管理中存在哪些不足。如果你是于老师，你会采取哪些措施和办法来处理呢？

学生作业管理的基本原则

学思结合

夏老师的花式作业

夏老师针对统编小学语文教材六年级上册第六单元设计了如表 7-4 的单元式作业，针对统编小学语文教材六年级上册第七单元设计了如表 7-5 的菜单式作业。

表 7-4 单元式作业

序号	内容	学习水平
1	抄默单元字词	A 识记
2	解释词语在语境中的意思	B 理解
3	背默课文	A 识记
4	理解句子在语境中的意思	B 理解
5	抓住关键句，把握文章的主要观点	C 运用
6	体会文章塑造的人物的品质特点	D 分析
7	了解说明文的说明方法及其作用	D 分析
8	学会口语交际：意见不同怎么办？	E 评价
9	学会写倡议书	D 分析
10	学习非连续性文本的阅读：能看懂公交车站牌，选择合适的乘车方案	E 评价

说明：1. 1—4 为常规作业；5—10 为本单元重点作业。

2. 单元作业设计按照“识记→理解→运用→分析→评价”，由浅入深、由易到难。其中，“分析”包括写作方法、文本特点、概括能力等高级别的运用，“评价”包括口语。

表 7-5 菜单式作业

菜品	具体描述	评价
“营养主食”	背诵《伯牙鼓琴》 背诵《月光曲》第 9 自然段	背诵是否正确、流利
“特色配菜”	了解贝多芬的相关资料	课堂交流 生生互动
“自助水果”	1. 京剧趣谈，搜集一些图片、文字或视频来了解我们的国粹——京剧 2. 你喜欢哪个书法家？赶紧去查资料了解一下吧，结合图片、实物能让你的讲述更加生动	主题展示 互动评选
“餐后甜点”	听一听贝多芬的《月光曲》等音乐，展开联想和想象，放松心情	“歌迷交流”
“大众点评”	我最喜欢：____________________	

请仔细阅读上面的案例，认真完成下列任务：

（1）对案例中的作业设计进行评价。

（2）如果你是夏老师，你将怎样进行作业设计？怎样进行作业收集和批阅、订正？请结合实例进行作业设计和管理。

评　价

请仔细阅读表 7-6 学生作业管理能力 PTA 检核量表的评分标准，然后对照进行评价。

（1）请你对“引导案例”中于老师的作业管理情况进行评价，并将结果填写在表 7-6 中。

（2）在自评和他评的基础上，进一步修改和完善“学思结合”环节的案例思考。

表 7-6　学生作业管理能力 PTA 检核量表

评价指标	评分标准（每条标准满分 5 分，取整打分，重在厘清得分依据与扣分理由）	得分	
		自评	他评
A. 准确性	A1. 对学生作业的作用认识准确		
	A2. 对学生作业管理的原则认识准确		
	A3. 对学生作业管理的步骤了解准确		
B. 完整性	B1. 学生作业设计能凸显内容精选、结构优化		
	B2. 学生作业设计能突出多样性、分层性		
	B3. 能自主确立较为完整的作业规范		
C. 深刻性	C1. 学生作业设计能精准地达成教学目标及学生发展需要		
	C2. 学生作业设计具有创新性		
	C3. 学生作业管理能突出有效性		

任务二 学生操行评定

目 标

1. 通过查阅、比较、深度思考和交流，形成对学生操行评定的正确认识，并能对学生操行评定的基本原则做出精准、全面、有深度的解读。

2. 通过自主尝试、学习优秀案例、深度交流等，能够按照学生操行评定的基本原则评定学生操行，并以此增进师生关系，最终促进学生的发展。

引导案例

班主任的三言两语

李老师是2020年入职的新教师，在一所小学工作，担任某年级三班和四班的数学教师并兼任四班的班主任。她平时工作认真、勤恳，但繁重的教学工作和班主任工作也常常让她疲惫不堪。尤其是每个月成长手册中的“班主任的三言两语”部分，全班42名学生，李老师得一个一个写，为此她没少发愁。繁重的教学工作总是让她忙得停不下来，很多时候她也就只能勉强应对交差。

2023年5月的一个早晨，李老师刚准备进教室，看见小方、小傅和小杨等同学正凑在一起，你一句我一句地交流他们的成长手册。李老师刚想教育他们早晨到校要自觉晨读，但又好奇孩子们叽叽喳喳在说些什么。于是，她放轻了脚步，原地停留了一会儿。只听见小方说：“你看，这个月还是和上个月一样，我的星星还是12颗，老师给我写的还是‘乖巧可爱，学习勤奋，如果课堂上能多举手就更好了’。可是，我觉得我这个月很努力地举手了，老师是不是没有注意到我？”小傅回应说：“不知道，我的也是差不多，写的是‘尊敬老师，学习勤奋，胆子再大一点，课堂上多举手你就会更棒’。隔壁班我的好朋友，她的这个‘班主任的三言两语’除了打星，他们的老师还会写很长的一段话。”这时，小杨抢着说：“可是，为什么咱们三个人的星星都是一样的，评语也是特别像的？”接着小傅说：“唉，不知道，我昨天看见隔壁班我的好朋友小刘，她的那个评语读起来很有意思，我真希望我们班李老师也能这样做！”小方和小杨异口同声地说：“是呀！”小杨抢着说：“期末快到了，我猜李老师给我写的评语应该还是那几句。”

准　　备

微课：操行评定（程红秀）

学生操行评定是教师对学生一段时间内在思想品德及各个方面的发展变化情况的评价。学生操行评定的原则包括客观性原则、教育性原则、激励性原则、个性化原则、整体性原则和民主性原则。班主任应掌握学生操行评定的基本方法，善于观察和研究学生，重视学生的成长记录，在评定时应内容客观、重点突出，注意语言艺术，重评语的激励导向作用。教师遵循基本的评定原则开展学生操行评定，能更好地激励学生，促进学生发展。

学生操行评定是每个班主任的必修课，但很多新教师可能也会像李老师一样。在对学生进行操行评定时，我们可以参照以下行动中的步骤去解决问题。

行动　科学地评定学生操行

步骤 1　落实“一周轮”观察记录制

每个班级都会有尖子生，也会有一些调皮的学生，更多的是一些静静地处于中间的学生。按照惯例，前面突出的一部分学生和后面调皮的一部分学生总会得到特别多的关注，而中间的那部分学生与老师的“特殊交流”就显得很少。然而，每个学生都是独特的个体，他们都希望得到老师特别的关注，作为班主任应该及时把握每个学生的心理动态、思想动态，以更全面地了解学生，更好地走近学生。

“一周轮”观察记录制即教师根据学生人数来划分每日特殊关照的对象，如全班 32 人，则平均一天 6～8 个人，以确保从周一到周五能与全班的每个学生都有一次“特殊交流”，所谓“特殊交流”，是指教师与学生之间的沟通。比如，早上进教室时的一次面对面单独问好，简单询问该生早晨吃的什么；在大课间结束后女教师帮助女孩子重新扎一下头发；家校本上的一句真挚的评语；等等。教师按照本班的实际情况，简单编制一份“一周轮”观察记录册，每天下班前勾选出今日与学生们的“特殊交流”，并写一下简单的记录与感悟。同时，对次日需要关照的对象做好预判和心理准备，在次日去落实。当然教师也要及时抓住教育教学的有效情境对学生进行非预设的即时性关照。

步骤 2 落实“班主任的三言两语”每月评语制

在落实“一周轮”观察记录制的基础上，每月月底对每个学生的多个方面进行整体评价，并撰写每月的“班主任的三言两语”。

步骤 3 按照操行评定四步走

教师要遵守操行评定的四步流程：一是学生自评，由学生本人实事求是地给自己写出操行评语，明确自己的优点、不足和努力方向；二是同伴互评，同组学生互相找优缺点，由小组长参考大家的意见写出组内学生的操行评语；三是科任教师评议，由所有科任教师对学生操行进行评议；四是班主任总评，在参考学生自评、同伴互评和科任教师评议意见的基础上，由班主任按照优秀、良好、合格、不合格四个等级综合评定学生，再亲自写出每个学生的操行评语。这样的流程是班主任写好操行评语的重要保障。

步骤 4 建立学生操行评定档案，提升撰写能力

教师可以多多借鉴优秀教师的做法，并分类整理，建立学生操行评定档案。例如，可以把日常书籍、杂志、新闻、微信公众号或者身边经验丰富的教师留存的学生操行评定情况以文字或者照片的形式存档，再分门别类地进行整理。在进行学生操行评定时，借鉴档案中的优秀做法。

学思结合

小周填写操行评定问卷调查表

小周，女，小学三年级学生。小周各科学习成绩平平，做事勤奋认真，与同学相处融洽，没什么特长，从不惹事，也不拔尖，很少引起老师的关注。

临近期末，学校开展了一个关于操行评定的学生问卷调查活动。小周拿着问卷，一项一项地认真填写，当她填写到“你希望在评语中看到自己的优点吗?”她自然而然地选择了“希望”，下一项是“你希望在评语中看到自己的缺点吗?”小周犹豫了一下，不知道怎么选？于是，小周就找来妈妈，妈妈向小周解释了操行评定的作用，妈妈说：“其实，操行评语就是要全面地评定和反映你这学期的表现，从中能看到你的优点和缺点，并且老师还能给出建议。”小周点点头，随后她选择了“希望”。

接下来，小周顺利地做完了其他几个问题，但最后一个问题又把她难倒了。题目是：“请你写下令你印象最深刻的操行评语的内容，并说明理由。”小周绞尽脑汁也想不出，于是小周就去翻看了往年班主任王老师给她写的评语。

一年级上学期的评语：小周，你很可爱、很文静，老师很喜欢你。在班级里，你是不调皮的乖孩子，能和同学友好相处，能自己的事情自己做，你真棒！

一年级下学期的评语：在老师心目中，你关心集体，礼貌待人，每天都

能准时到校，努力学习。老师很少看到你举手的样子，希望以后你能多举手发言。

二年级上学期的评语：在老师心目中，你是一个文静、懂事的好孩子，你能团结同学，尊敬老师，努力学习。你的书写工整，是大家的榜样，希望你以后更努力，争取更大的进步。

二年级下学期的评语：老师很欣赏你的勤奋、努力，也喜欢你的乖巧、懂事。那一次，你不小心被新书划伤了手指，流血了，老师真的很心疼，但你不哭不闹，让老师看到了你的坚强。

三年级上学期的评语：你是一个乖巧、懂事的女孩子，一双大眼睛炯炯有神，上课能认真听讲，作业努力完成，可是老师很少看到你举手发言，说出自己的想法，希望你能有所转变。

经过仔细比对，小周最后写下了这一题的答案："你是一个乖巧、懂事的女孩子，一双大眼睛炯炯有神，上课能认真听讲，作业努力完成，可是老师很少看到你举手发言，说出自己的想法，希望你能有所转变。"理由："因为这一次的评语，让我觉得王老师很关心我，还让我知道了自己应该努力的方向。"

根据小周填写的问卷，班主任王老师首先对写给小周的这几则评语进行了仔细的对比分析，提炼了自己在对学生进行操行评定时存在的问题。首先，自己所写的几则评语中，高频词汇是文静、乖巧、懂事，尽管这样的词语形容小周同学很合适，但是次次如此，操行评语的导向、激励作用就大打折扣。其次，这几则评语的语言较为平淡，没有饱含真挚的情感。王老师认识到，是因为自身缺乏对学生日常的细致观察和深入研究，没有准确掌握撰写操行评定的基本原则与方法，才出现了这样的窘境。

于是，班主任王老师着手改变。王老师设计了学生的"个性化观察手册"，分为学习表现、行为习惯、思想品德、个性特点等几个方面，仔细观察日常学生的表现并有针对性地记录下来。在撰写评语时，班主任王老师不再像以前那样凭着印象和感觉，在两三个小时之内把全班 32 人的评语都写完，而是严格遵循了评定的四步流程。在撰写评语的时候，王老师还参考了通过问卷调查了解到的学生意向和家长意向，选用了学生和家长喜闻乐见的形式进行评价。在语言上再三锤炼，力求能发挥好评语的激励导向作用。

最后，期末临近了，王老师为小周呈现了这样的操行评语：

小周：咱们相识快三年了，你是老师最忠实的朋友。你就像星星，小小的，但能闪烁出光芒，带给大家美好的感觉。你的长处很多：学习踏踏实实，书写工工整整；为人纯真，乐于助人；能接受他人意见，发掘自己的潜力……那次你说"王老师，我以后会多举手的"，我就从你的眼神中看到了决心。举手其实就是挑战自己，相信当你学会勇敢表达自己，你会收获更多的乐趣。

请仔细阅读上面的案例，认真完成下列任务：

（1）对案例中的王老师给小周撰写的不同操行评定分别进行评价。

（2）如果你是王老师，你将如何对小周进行操行评定？

评　　价

请仔细阅读表 7-7 学生操行评定能力 PTA 检核量表的评分标准，然后对照进行评价。

（1）请你对“引导案例”中李老师对学生操行评定的做法进行评价，并将结果填写在表 7-7 中。

（2）在自评和他评的基础上，进一步修改和完善“学思结合”环节的案例思考。

表 7-7　学生操行评定能力 PTA 检核量表

评价指标	评分标准（每条标准满分 5 分，取整打分，重在厘清得分依据与扣分理由）	得分	
		自评	他评
A. 准确性	A1. 对学生操行评定的含义认识准确		
	A2. 对学生操行评定的原则认识准确		
	A3. 对学生操行评定的步骤认识准确		
B. 针对性	B1. 操行评定以日常观察记录为依据		
	B2. 能在操行评定中凸显前后联系		
	B3. 操行评定的内容中肯、翔实		
C. 深刻性	C1. 操行评定的形式多样、新颖		
	C2. 操行评定富有情感		
	C3. 操行评定有激励作用		

本单元小结

学生作业管理是班级管理的重要内容之一，一般来说，它分为管理学生作业内容与形式；管理学生作业的布置、收集与批改。教师应以实现作业有效性为思路，对学生作业进行科学的管理。学生作业管理需要遵循一些基本原则，包括精选作业内容、丰富作业形式、实施作业分层、确立作业规范。具体实施作业管理时，教师应以目标为纲，合理作业设计；以学情为基础科学布置作业；结合本班实际情况建立作业收集和批改、订正的制度。

学生操行评定也是班级管理的一项重要内容，是指教师对学生一段时间内在思想品德及各个方面的发展变化情况的评价。一般来说，学生操行评定的原则包括客观性原则、教育性原则、激励性原则、个性化原则、整体性原则和民主性原则。操行评定具体实施时教师应结合班级活动，以教师、学生及家长等为评价主体，落实评价内容的丰富性和科学性，将形成性评价和终结性评价相结合，利用多样的评价方式对学生各方面的表现进行分析、归纳，以操行评定促进学生核心素养的发展。

活动体验

学生作业管理和学生操行评定是每一位教师的必修课。请你到中学或小学做一次调查，了解当前学生的作业内容、常见作业形式、一般采用的作业收集方式，以及作业批改、订正的制度是怎样的？思考学生作业管理有哪些优点与不足，并思考如何改进。

请你尝试到中学或小学做一次调查或者访谈，翻看学生的操行评定手册，总结教师常用的操行评定方式有哪些，并进行分类。你认为应该如何优化学生操行评定？

反思与探究

2021年7月，中共中央办公厅、国务院办公厅印发《关于进一步减轻义务教育阶段学生作业负担和校外培训负担的意见》。同年8月30日，教育部召开新闻发布会介绍中央对减轻义务教育阶段学生作业负担和校外培训负担（以下简称“双减”）的明确要求，“双减”督导被列为2021年教育督导工作“一号工程”。“双减”政策是教育观念的大变革，是对教育观念的纠偏和对教育规律的再认识。这一政策实施以来，全国各地各校积极响应，创新实践，积极探索优化作业管理、作业改进的路径和方法，引导教师尊重儿童个性发展，设计科学、合理、高效的作业。

北京师范大学课题组发布如图7-3所示的中国学生发展核心素养，明确学生应具备的适应终身发展和社会发展需要的必备品格和关键能力。中共中央、国务院印发的《关于深化教育教学改革全面提高义务教育质量的意见》提出“五育”并举的教育方针。操行评定是班主任以教育目的为指导思想，对学生思想、学习、行为等方面的综合评价。以操行评定为起点，发挥评价的导向作用，

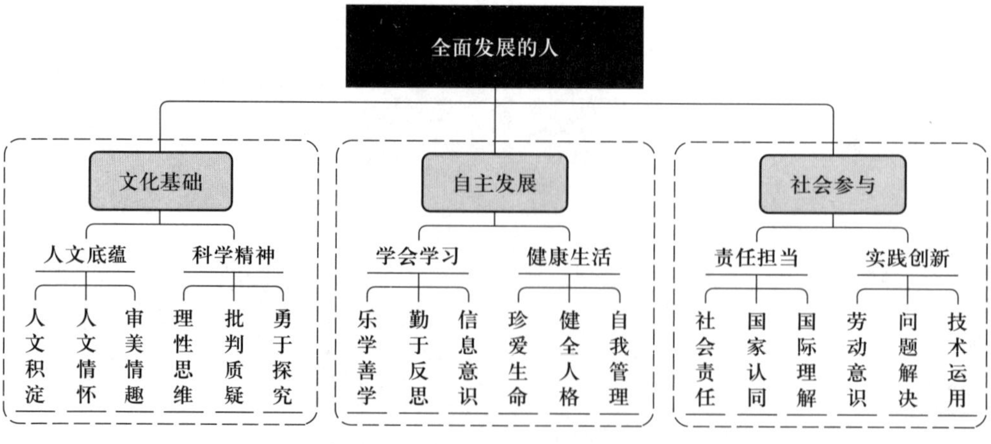

图7-3　中国学生发展核心素养

对学生核心素养的发展情况做诊断，激励学生改正缺点、保持优势，继续努力，同时引导教师、家长与学生等各方关注学生各项核心素养的发展，关注学生发展的丰富性，促进学生核心素养的持续发展。

问题：

（1）思考“双减”之下优化学生作业管理，你会怎样做？并阐述你的理由。

（2）借鉴中国学生发展核心素养框架，对学生操行进行评定，并阐述你这样做的理由。

推荐阅读

1. 管建刚. 一线带班［M］. 福州：福建教育出版社，2018.

2. 王晓春. 做一个专业的班主任［M］. 上海：华东师范大学出版社，2008.

3. 季峻岭. 学校作业设计与精准管理［M］. 上海：华东师范大学出版社，2023.

单元八

协调人际关系

【学习目标】

通过本单元的学习与训练，你能够：

1. 根据班级具体情况，设计家长会的文案。
2. 了解学生发生冲突的原因，采取合理的方式处理。

任务一 有效地开展家长会

目 标

1. 通过比较、调查分析、理论指导，开展适合班级情况和教师—家长交流需求的家长会，增强家长会的有效性和指导性。

2. 通过开展特色活动，使家长了解孩子在校期间学习和生活等方面的情况，增强家长对学校和老师的信任感，凝聚班级力量，建立亲师关系，形成家校合力和良好的班风班貌。

引导案例

搭建信任的桥梁

刚接手三年级8班，蒋老师面临着许多问题。第一次进班级上课，有三个学生睡着了，很多学生左顾右盼做小动作，有两个学生不停地插话……但当需要回答学习问题的时候，举手的学生却寥寥无几。

蒋老师从同年级老师口中得知，三年级8班的前任班主任是个新教师，比较温柔，副班主任是个老教师，比较强势。家长不尊重班主任，学生也不服管教，问题越来越多：有朝老师吐口水的，有情绪失控的，有经常和同学发生矛盾的，有被老师批评了就说脏话的，还有上课三心二意开小差的……无论是学习习惯还是班风班貌都令人担忧。班级的各科平均成绩更是在年级垫底。现在进入三年级了，学生的自我意识增强，处在学习习惯养成和性格培养以及思维发展的重要时期。

但是这个班级的家长普遍不信任学校和老师，因各种原因投诉过多次，前任班主任对此头疼不已。此次听闻更换班主任，许多家长立刻打电话找校长提出反对意见。

学校要求各班召开新学期家长会，对蒋老师来说，这是接班之后第一次正式与家长们面对面。如何通过这次家长会给三年级 8 班的家长们留下良好的印象，使学生、家长、老师之间建立良好关系，再通过家校合力，让学生们形成良好的学习习惯，让班级形成良好的班风班貌，是蒋老师要面对的重要问题。

如果你是蒋老师，你会怎样开展这次家长会呢？

准　　备

微课：召开家长会（蒋莎）

教育是一个复杂的系统，它是由学校、家庭和社会三者相互作用构建成的一个系统的生态圈。其中家庭和学校是影响学生发展的两个最重要的子系统，并且两者之间相互作用、相互影响，即家庭教育的发展情况制约着学校教育情况，学校教育情况反过来又影响着家庭教育情况。家长会是沟通学校和家庭的重要桥梁。

在班级管理中，家长会的召开及本班学生与家长的亲师程度，决定着班风班貌建设和教师的工作能否有效推进。如何与家长携手共进，使学生、家长与教师之间形成亲师关系，构建良好的家校关系，是班级人际管理关系中重要的一部分。

通过下面行动中的具体案例，运用家长会相关知识，能开展适合班级情况和满足教师、家长交流需要的家长会。

行动一　确定形式　了解需求

步骤 1　确定家长会的基本形式

1. 推介型家长会适合集体召开

来到一所新学校，或开始一个新学段，学生及家长对学校和未来的学习都有无限憧憬，也想了解学校、教师和班级。推介型家长会的目的是让家长和学生对学校、教师和班级，从了解到悦纳，从而主动调整自己的认识和行为，积极适应学校、教师和班级的要求。所以推介型家长会需要家长、学生一起参加。一般先由校长介绍学校历史、办学理念、办学实绩，并提出要求和建议。之后再由各班班主任主持，并介绍自己的特点、特长、教育教学理念以及班级教师的特点，重点介绍班级建设目标、规划、方略等。班主任介绍完后要将讲稿和相关资料发到班级群供家长阅读、督促。推介型家长会是整合学校、班级、家长、学生力量的会议，也是激发家长、学生对学校和班级的信心的会议。尽管形式简单，但推介型家长会对班主任的要求很高，必须提早规划、认真准备。

2. 了解型家长会可灵活召开

家校联动教育功能的发挥，需要家长和学校相互了解。家长向学校了解的主要有两方面：一是了解学校、班级的发展情况，了解班主任的理念和要求。二是了解孩子的日常表现和学习情况。

可以集中召开了解型家长会，由班主任把学生的阶段表现情况进行汇总，在会前提供给家长。会上重点引导家长对学生的表现情况有正确的认识、评价和态度，以及怎样配合班主任进一步做好工作。比如，家长看了学生的阶段考试成绩之后，不仅要跟班级其他同学作横向比较，还要跟自己孩子的以往成绩作纵向比较，从中分析孩子学习的问题，找到努力的方向。对于重点的或特殊的或不便在公开场合讲的问题，家长也可以通过与班主任的单独交流来了解孩子的情况，听取班主任的建议，配合班主任的教育教学工作。

3. 培训型家长会应定期召开

教育理念不同，教育目标和教育方法就会不同。家长的教育理念受各自受教育水平和阅历的影响，一个班级的家长众多，他们的教育理念就会有很大的不同。因此，学校特别是班主任需要通过家长会等方式对家长进行教育理念、教育方法、习惯培养等方面的培训。这样家长才能真正配合班主任做好学生的教育工作，发挥家校联动的作用。

培训的方式可以有以下四种：第一种，专家报告。由班主任或有关专家作专题报告，引导家长认识教育现象、教育原理和教育方法。第二种，网络学习。由班主任或家长向家长群定期推荐好的家教文章，引导家长更新观念，改变自己言行。家长推荐的内容需要班主任审定。第三种，实践感悟。家长积累自己的家教案例、家教心得，分享在家长群，分享的内容需要班主任审定。第四种，讨论交流。班主任可把学生的心声或学生案例分享到家长群，让家长讨论，由班主任进行引导。集中召开家长会时，可让有心得的家长进行主题发言。

4. 活动型家长会可适时召开

一是居家类活动。比如学生课外主题阅读活动，可由语文老师或班主任主持召开活动型家长会，会上讲解阅读的意义和活动的目标、任务、方式、时间，以及家长需要配合的事项，建立反馈方式等。二是非居家类活动。比如学校要组织课外实践活动，可在活动之前在班主任的带领下由家长委员会主持召开活动型家长会，弄清活动的目的、意义，做好活动的准备工作，安排家长在活动过程中参与组织、服务、摄影，在活动之后参与资料收集、整理。

5. 问题解决型家长会可分类召开

学生在学习过程中会出现各种各样的问题，这时往往需要家长的参与，配合班主任一起解决学生的问题。班主任可以把问题进行分类，比如按成绩，可把班级学生分为前25%的学生、后25%的学生和中间50%的学生。班主任可以动态分类召开家长会，专门针对某一类学生的具体问题进行分析，找准症结，制定方案，号召家长配合学校共同帮助学生。

6. 激励型家长会可线上召开

班主任需要激励家长参与学生教育、学生管理，参与班级建设、班级服务、班级管理。班主任可以通过召开激励型家长会，从家长参与培训、家长参与活动、家长对学生的管理成效三个维度设置若干项目，进行家长量化评比考核，促使考核排名靠前的家长带动其他家长共同提高。例如，考核排名靠前的家长可以在家长会上作交流，也可以在线上作专题分享，还可以记录在班级档案中。激励型家长会主要在线上召开，主持人最好由家长担任，活动策划方案需要先由班主任认可。

7. 综合型家长会适合集中召开

综合型家长会要解决的问题具有综合性。一是内容的综合。比如在一次家长会上可以向家长发问卷了解情况；可以由各科老师向家长作介绍，提出学科学习要求；可以激励家长；等等。目标内容较多，集中开效率相对较高。二是参加人员的综合。比如针对志愿填报问题召开家长会，需要家长、学生一起参加。三是形式的综合。在一次家长会上，可以一部分时间由班主任主持召开，另一部分时间由家长主持召开，还可以安排家长之间交流等。

对于蒋老师而言，三年级 8 班学生的家长对学校和老师信任度低，配合度也低。当下处于二年级升入三年级的节点，家长担心换老师对孩子产生更为不利的影响，因此有比较强烈的反对情绪。蒋老师要及时对家长的情绪进行疏导，并展现自己的班主任工作能力，搭建亲师的桥梁。同时，本班学生存在诸多问题，蒋老师前期要对班级情况有仔细的了解，对症下药，在家长会上真切地提出切实可行的操作方案和解决办法。蒋老师可通过召开综合型家长会，使家长和学生对学校和班级有信心，让家长和学生了解老师，从而悦纳老师；同时，传递给家长适合本阶段孩子的科学的教育方法，促进家校共育。

学思结合

杨老师的小型茶话会

六年级 7 班有多名同学沉迷网络游戏，近来家庭作业的完成情况非常糟糕，甚至有同学为了玩游戏不交作业。这几个同学常常结伴打游戏，学习成绩明显下滑。不仅如此，班里有越来越多的同学受到他们的影响，开始玩网络游戏。

请仔细阅读上面的案例，认真完成下列任务：

如果你是班主任，你会选择召开什么形式的家长会来解决这类问题，改正班级风气？为什么？

步骤2　调查了解，确定主题

家长会作为教师与家长交流沟通、解决问题、共同探讨教育方法的重要平台，应该以与家长达成教育共识、共同探索教育良方、消除教师和家长沟通的障碍为目的，使家长对学校和班级充满信心，对教师和孩子有更好的了解。为了让家长真正了解家长会的意义所在，实现家长会价值的最大化，让家长参与到家长会中来，班主任可以将会议形式由“家长接受式”变为“家校互动式”，让家长会真正成为促进家校有效互动的平台。

1. 了解需求，消除教育误区

开家长会前，要了解大多数家长的需求。班主任可以通过调查问卷、线上交流、线下访谈等多种方式，了解家长最关注的问题及困惑。根据收集到的信息，班主任可以明确家长会的主题，有计划、有重点地帮助家长解决家庭教育中具有代表性的问题及困惑。

家庭教育调查问卷（示例一）

各位家长您好：

孩子的健康成长、成才是我们共同的愿望。我们老师的工作离不开您的支持和关心。为了更好地教育孩子，希望您充分发表意见，提出好的建议。请填写以下问卷，非常期待您真诚的合作。谢谢！

1. 您的孩子主要由谁来教育？（　　）

A. 父母　　B. 爷爷奶奶　　C. 外公外婆　　D. 其他

2. 在家里您如何指导孩子完成家庭作业？（　　）

A. 问一问是否完成

B. 请别人帮忙

C. 忙或不会辅导，很少检查
D. 亲自检查、签字，发现错误或书写不认真时及时纠正

3. 您的孩子在家读书时，您陪读吗？（　　）
A. 不陪读　B. 偶尔陪读　C. 经常陪读且一起分析

4. 您多长时间主动与班主任、任课教师联系一次？（　　）
A. 约一个学期　B. 约一个月　C. 约一个星期　D. 从来没有

5. 您认为老师布置的家庭作业情况怎样？（　　）
A. 太多　B. 适量
C. 太少　D. 很少关注、不知道

6. 您打电话或来访时老师的态度怎样？（　　）
A. 热情沟通　B. 态度冷漠

7. 您感觉通过何种方式与任课老师沟通的效果最好？（　　）
A. 打电话　B. 面谈　C. 字条方式

8. 您希望老师对您的孩子在哪些方面给予更多的关注？您对各学科老师有什么建议？

____

____

9. 您觉得您的孩子有哪些方面的优点？

____

____

为了孩子的发展，请努力创建学习型家庭，多读书，多和孩子交流，谢谢！

家庭教育调查问卷（示例二）

尊敬的家长：

为了加强家长和学校之间的交流，及时了解您对学校和孩子发展的意见或建议，特制定本调查问卷，本问卷不作为对学生和教师考评的依据，希望您能如实认真填写。

1. 您对孩子在校表现满意吗？	A. 很满意　B. 较满意 C. 不太满意　D. 很不满意
2. 您对孩子在家表现满意吗？	A. 很满意　B. 较满意 C. 不太满意　D. 很不满意
3. 您了解孩子的思想、性格、爱好及交友情况吗？	A. 很了解　B. 较了解 C. 略了解　D. 完全不了解
4. 您是否与孩子讨论学习问题？	A. 经常　B. 偶尔　C. 没有
5. 您抽空在家陪孩子一起学习吗？	A. 经常　B. 偶尔　C. 没有

续表

6. 您是否检查孩子的作业情况？	A. 每天检查　B. 偶尔检查　C. 没有
7. 当孩子考出好成绩时，您表扬他/她吗？	A. 每次都会　B. 偶尔会　C. 没有
8. 当孩子成绩不理想时，您责怪他/她吗？	A. 每次都会　B. 偶尔会　C. 没有
9. 您是否经常给孩子讲一些激励性的故事？	A. 经常　B. 偶尔　C. 没有
10. 您带孩子参加探亲、旅行等外出活动吗？	A. 经常　B. 偶尔　C. 没有
11. 您是否经常教育孩子要遵纪守法、尊敬师长？	A. 经常　B. 偶尔　C. 没有
12. 您是否经常教育孩子要注意交通安全？	A. 经常　B. 偶尔　C. 没有
13. 您是否对孩子的教育有计划并按计划实施？	A. 有计划且能坚持实施　B. 有计划但不能坚持实施　C. 没有计划

2. 聊聊家常，走“亲”访“生”

家访可以由班主任和其他任课教师一起分工合作来实施。

作为联系家庭与学校的纽带，家访在家校沟通中发挥了无可替代的作用。通过家访能让家长及时了解学生学习和生活的情况以及思想动态，也能让教师及时了解家长的想法。例如，家长们对换老师有什么看法？对新老师有多少了解？等等。

俗话说，“情感是教育的桥梁”。家访能让教师和家长相互了解，感情亲切融洽，这样家长就不再会有什么误会和责怨，教师的工作就能得心应手。

教师上门家访，会让学生感受到教师的关注和重视。这对学生是一种激励，对家长也是一种触动。教师、家长、学生三者共处一室，促膝谈心，拉近了彼此的心理距离。如图 8-1 所示。家访将为新班级的顺利开学，有序开展家长会以及各项工作，做好前提保障。

另外，教师要做好家访安排登记，如表 8-1 所示。

图 8-1　家访

表 8-1 家访安排表

姓名	性别	父亲	父亲手机号	母亲	母亲手机号	家庭住址	家访时间

步骤 3 正式通知

在确定家长会的形式和主题后，班主任要安排好家长会召开的时间和地点，并通知家长参会。

家长会通知

各位家长：

您好！

“家校同心，共育成长”三年级 8 班家长会即将召开。新学期，孩子们面临新的阶段和挑战。为了真正实现家校携手，立德育人，我们真诚地邀请您于×月×日下午×点整到您孩子所在班级的教室参加家长会。

温馨提示：

（1）与会者最好是孩子的父母；

（2）请开车的家长把车有序停放在校门外；

（3）请家长们在校园里不要吸烟，不要乱扔垃圾；

（4）家长会过程中，请将手机铃声调成振动，到教室外接听电话。

×××学校××班

步骤 4 会前准备

家长会的成功召开离不开班主任事先周密的计划与准备。表 8-2 列举了班主任在召开家长会之前要进行的准备工作。

表 8-2 家长会会前准备

时间	准备内容
提前一周	√ 发放召开家长会的通知 √ 制作学生的作品册 √ 制作特色视频 √ 准备发言稿和幻灯片 √ 制作家长签名表、学生座位签 √ 布置学生完成“给家长的一封信”
前一天	√ 了解不能到会的家长的情况 √ 整理布置教室、摆放学生座位签 √ 在黑板上写好欢迎词 √ 充分休息，为明天的工作做准备
当天	√ 着装职业化 √ 确保所有设备正常使用 √ 将签名表放在门边，并在旁边附一支笔 √ 分发课本和会议册 √ 准备茶水和纸杯

（1）通知每一位家长在规定时间内到学校参加家长会，特别要做好特殊学生（如留守学生、单亲学生）的家长的工作，争取尽可能多的家长能及时到校参加会议。班主任可在会前一日学生回家前调查、询问一下学生，了解哪些学生的家长实在不能到会，以便对有多少家长能够出席会议心中有数。

（2）将家长会需要传递的信息有序地装订成会议册，包括：教师姓名、电话号码，家长会主要议程，作息时间表，班级一周的课表，班级管理要求，使用的教科书的信息及其他重要的教学资源，需要家长配合的工作，等等。

（3）让每一个学生给自己的家长准备一个信封，内容包括学生在校的收获与反思、学生给家长的一封信。信封中可以放一支笔，便于家长写建议和家长心语。如图 8-2 所示。

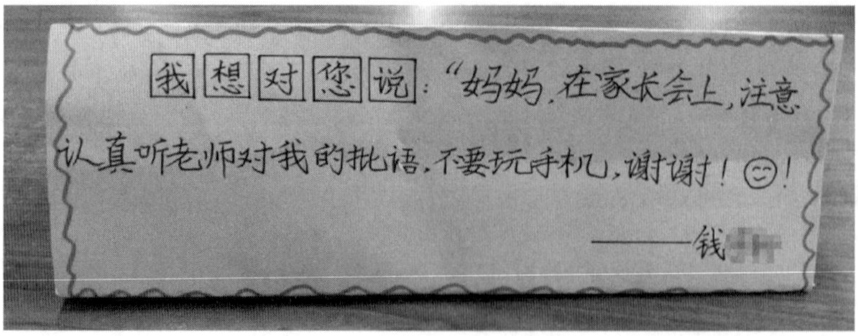

图 8-2 学生给家长的一封信

（4）做好教室的布置。包括张贴班级文化展板、班级活动风采、班级学习目标、量化考核统计、学生作品展、科任教师介绍和班干部介绍等。前后黑板也可以做相应的布置，例如前黑板上写欢迎标语，后黑板上绘制“我与学校共携手”主题的黑板报。

（5）事先在学生座位上摆放写有学生姓名的标签，让家长坐在自己孩子的座位上，体会自己的孩子在课堂上课的实际情况。

学思结合

如果你所带的班级是毕业班，面对即将召开的毕业生家长会，你会设计怎样的欢迎标语？你有哪些特色创意？

行动二　家长会的正式实施

表 8-3 是召开班级家长会时，班主任需要向家长介绍的主要内容。

表 8-3　家长会上班主任需要介绍的内容提纲

1. 你的背景 （1）在哪里读的大学以及所获得的学位。 （2）工作经验，包括从教时间、所教年级、在哪所学校任教。 （3）教育教学的成就（学生成绩、获奖情况、个人荣誉等）
2. 课程、学习目标和活动 （略）

续表

3. 共情和沟通方法 （1）播放学生在校生活的精彩瞬间，讲述和学生互动的小故事，提出和谐的家校关系是一切教育的重要前提。 （2）提供正确的家校沟通方式
4. 教育理念与学习期望 （1）养成良好的习惯比成绩更重要。 （2）家庭作业方面的要求（目标、频率、方式、缺席处理等）
5. 纪律 （1）班级规则。 （2）奖励。 （3）违反规则的后果。 （4）严重违纪行为的处理。 （5）何时和家长取得联系
6. 表达在任何时候都愿意听到来自家长的任何观点和疑问
7. 在家长会最后留出时间让家长提问

步骤 1　迎接家长到来，营造轻松气氛

以茶话会的形式组织家长会，可以改变以往沉闷的班主任“一言堂”的会议形式，让家长以轻松愉快的心情参与到家长会中。家长委员会的成员可以提前采购一些零食，并将会场的桌椅摆成圆形。班主任提前整理学生在校活动的各种影像资料，并将其制作成生动的影音视频，在会前循环播放。陆续到达会场的家长可以边吃边聊、边欣赏视频边谈论孩子的表现，会场氛围非常轻松、愉快。

步骤 2　态度积极，揭开会议序幕

一个优秀的班集体一定会有一个比较明确的理念，即班主任要对学生提出明确的期望和目标，家长会就是要让每个家长知道和理解班级理念。此外，每个家长虽然有望子成龙之心，但往往没有好的教育方法，因此他们迫切希望了解孩子，了解别人对自己孩子的评价，更重要的是了解教育孩子的方法。在他们的眼里，教师无疑就是这方面的专家。尤其面对一位新换的班主任，家长们是怀着期望和好奇的心理来开家长会的。他们希望了解孩子的新班主任，希望知道新班主任的计划是什么样的，了解自己能做些什么，平时的困惑应该怎样解决。

因此在家长会上，班主任首先要介绍自己，介绍班级的基本情况，提出班级建设目标和理念，并对家长在家庭生活中提出比较明确的要求和建议。一定

要突出两个方面：（1）提出自己对学生的期望，这个要具体到一个口号或者一个理念，以便家长密切配合教师进行家庭教育。（2）对家长提出的要求，应该以家长在家庭里面能够做到的具体事情为主，不要过于宽泛。

家长会上班主任开场发言稿

尊敬的各位家长：

下午好！

“一切为了孩子，为了孩子的一切！”今天非常高兴和家长们见面，这是我们期待已久的教育盛宴。首先，我要感谢各位家长能抽出宝贵的时间来参加这次家长会，这是你们对孩子的爱，也是对我们老师工作的支持和帮助。这次家长会的主题是“家校同心，共育成长”。本学期我们三年级 8 班更换了班主任，对此很多家长是抱有疑虑的，此次家长会的召开正是为了大家了解彼此，加强老师与家长之间的联系，相互交流学生在校及在家的情况，同时也希望家长能够积极参与学校的教育管理工作，从而真正达成这次会议的主题。这也是我们教育的一个根本出发点。我也相信从这个出发点出发，我们的家长会一定能够达到预期的效果，取得圆满的成功！

步骤 3 介绍班级，制定班级目标

班主任首先介绍自己的背景、教育理念、曾经获得过的荣誉，以及曾经带过的班级和学生取得了怎样的荣誉，然后对家校沟通提出要求，让“和谐的家校关系是一切教育的重要前提”的观念深深地印刻在家长的心里。班级的稳定与安宁是开展教学工作的前提，如果在家庭教育中存在非常严重的问题或者对学校教育有百思不得其解的困惑，家长要及时找老师进行面对面的沟通交流，要相信老师的专业，也要相信老师是爱孩子的。

班级目标：建设一个勤学自律、奋发向上的班集体。

本学期目标：养成良好的学习和生活习惯。

步骤 4 聚焦学生，回顾点滴共情

回首前一学期的学校生活，同学们取得了许许多多的成绩。比如在校运动会上运动健儿们屡破纪录，在古韵吟诵比赛上全班精彩的表演获得一等奖，在学校第一届篮球比赛中班级篮球队获得一等奖……家长很希望能看到自己的孩子在班级生活中的照片，在回顾精彩瞬间的同时，让家长感受到教师的用心，知晓学校和班级开展的丰富多彩的活动，这既能增进家长、学生、教师之间的信任，又能增强学生的自豪感和班级的凝聚力。这是家校合作良好的基础，能拉近家长与教师的距离，温暖着家长的心。

同时，表扬学生在班级中的良好表现，可以通过“光荣榜”“优秀作业”等方式。如图 8-3 和图 8-4 所示。

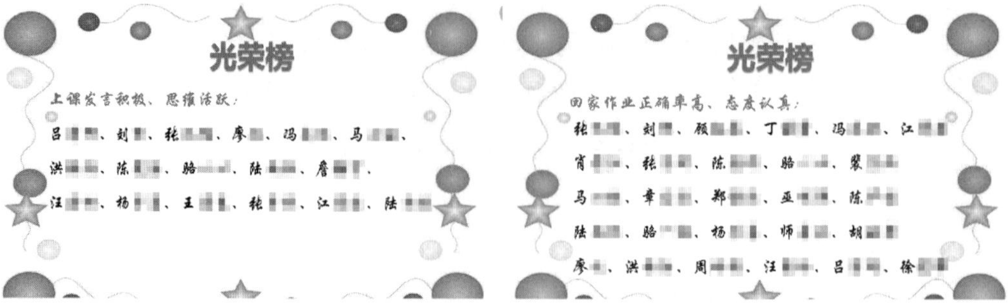

图 8-3 家长会光荣榜范例

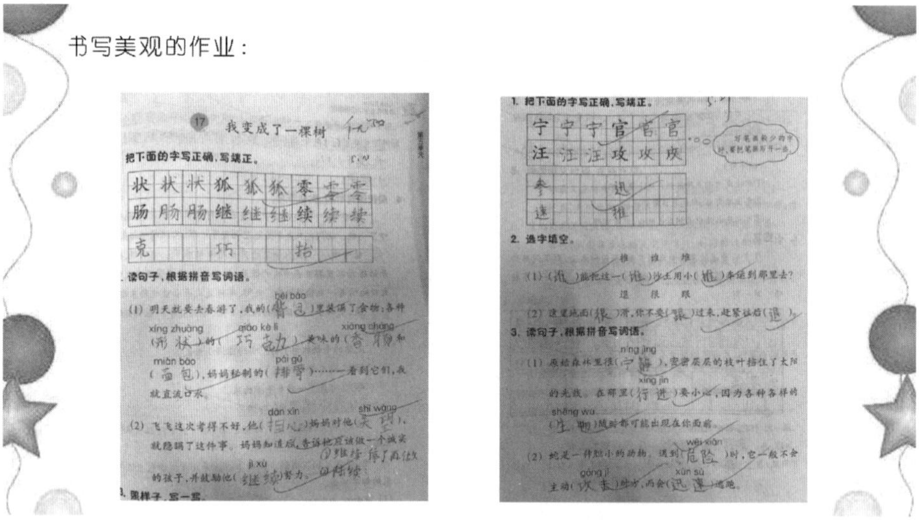

图 8-4 书写美观的作业展示

步骤 5 互相尊重、信任，形成亲师关系

学思结合

爱写作的女孩为何偏爱挑衅语文老师？

伟茹（化名）是个浪漫的女生，很喜欢幻想，特别喜欢写作。她在学校里活泼可爱，有很多好朋友，大部分老师也都很喜欢她。但在妈妈眼中，伟茹却是一个胆小内向并且不擅长和人交往的孩子。伟茹妈妈还认为语文老师的能力不行，没教好自己的女儿，总是在背后议论老师。

这些话被伟茹听到之后，慢慢地她在语文课上似乎变了一个人。她变得非常尖酸刻薄，总是揪住老师的口误不放，老师课下找她谈话也无济于事，她甚至在课上与老师发生了几次很严重的冲突。

她对妈妈说不喜欢这个语文老师。妈妈也应和道："怎么语文老师这么没能力？这老师不行。你只要安心学习、完成作业和考试就可以了，别的就不用多想了。”

伟茹更郁闷了，她在班里继续跟语文老师作对，成绩直线下滑。语文老师气坏了，甚至有几次没有批改她的作业。

请仔细阅读上面的案例，认真完成下列任务：

如果你是班主任，分析一下伟茹挑衅语文老师的原因是什么，你觉得应该如何处理？

1. 和谐的家校关系是一切教育的重要前提

要让家长们认识到家校沟通与合作的重要性。班主任与家长之间的沟通是教育的重要组成部分，只有班主任和家长形成一股合力，心往一处想，劲往一处使，才能进行恰当、有效的沟通，才能使班主任顺利开展工作，才能一起把学生培养成时代发展需要的有用人才。

2. 互相尊重和信任，多元联系

（1）引导家长正确地认识、评价孩子的老师

家长不能靠猜测来评价老师，要主动和老师交流，也可以通过与孩子交流，侧面了解老师。

（2）引导家长尊重和信任老师

（3）引导家长为孩子示范正确的沟通方式

教师和家长的目标是一致的：“一切为了孩子。”家长在孩子面前树立老师和学校良好的形象，学校教育的效果也会事半功倍。家长是孩子的第一任老师，家长的言行直接影响着孩子，作为父母，更应该尊重老师，掌握正确的沟通方式，为孩子做好榜样。

故事的后续

家长与孩子一起指责老师的教学方法，是不明智的做法，因为这只会让负面的情绪泛滥，而且做了很糟糕的榜样。

作为家长，我们需要示范正确的沟通方式，教给孩子正确地解决问题、达成目标的方式。这是比单纯给孩子讲道理、做思想工作更为有效的工作。

伟茹的家长主动联系语文老师，先肯定老师对孩子的包容，也告知老师孩子热爱语文，孩子校外阅读的书目，为孩子在老师心中的好印象增加分数，也让老师更好地了解孩子，请老师帮助孩子掌握正确的沟通和表达方式，自己也保证一起配合。这样的沟通会让老师感觉到家长的诚意，也了解孩子行为背后隐藏的原因和真正需求。第二天，语文老师当众表扬伟茹主动阅读大量课外书，再邀请她就《我最向往的语文课》做主题演讲，这样一来伟茹还会继续跟语文老师“作对”吗？

正确的沟通方式：

第一步，从正面描述，对孩子和老师给予肯定。如，伟茹很喜欢上语文课，她还特别喜欢帮您收发作业。

第二步，指明孩子需要改进的问题。如，伟茹要学习正确地向老师提出建议的方法，用正确的方式表达需求。

第三步，交流细节。如，伟茹最近的学习积极性仍有待提升，不过自从上次我教育她一番，就比较少与语文老师发生冲突。

第四步，讲述孩子已经做到的积极的行为。如，孩子常常跟我们炫耀她新写的作文。

第五步，协商辅导方案，明确己任。如，我也多关注她的情绪，尽可能多陪她看书、讨论问题。

第六步，执行计划并积极主动反馈。如，老师，这周伟茹在家表现很好，学习效率很高。您给她单独布置的读书笔记，她很用心地做完了，还跟我和爸爸分享了两次，我们都很惊叹她的思考力和表达力，谢谢您帮助她。

步骤6　针对需求，共享教育理念

基于前期的调查，班主任要在家长会上针对家长的困惑和需求，进行答疑解惑。需要注意的是，班主任给出的建议一定要具体且有理论支撑，可以结合实践举例阐述，使其有理有据、生动易懂。

蒋老师在此次家访和问卷调查中，发现家长对如何培养孩子的阅读能力还存在着方法不足、认识不足等问题，对孩子目前处在一个怎样的阶段，如何培养学习习惯还有一定的疑惑。那么，蒋老师针对这两个问题进行分享，也体现了蒋老师的专业性，家长们在收获知识的同时，也学习了科学的教育理念，提高了对蒋老师的认可，为蒋老师后续工作的开展打下了坚实的基础。

1. 科学教育，了解学生的特点

三、四年级是小学阶段的一个关键期，是关系到学生终身学习发展的重要时期。这一阶段孩子的大脑结构和功能快速发展，生理和心理特点变化明显，是培养学习能力、意志能力和学习习惯的最佳时期。同时，这一阶段孩子开始从被动学习向主动学习转变，开始有了一些自己的想法，但是辨别是非的能力还极其有限。如果经过正确引导，孩子的综合能力可以得到快速的提高。

研究表明，10 岁左右大脑前额皮质发育完善，儿童好玩的天性开始消退，大脑抑制功能加强，儿童对自己的行为和情绪变化变得有意识；第二信号系统的语言和文字反应能力增强，思维能力的发展处于转折时期，抽象概括、分类、比较和推理能力开始形成；思维的敏捷性和灵活性提高，做题速度和准确性提高。思维开始从模仿向半独立和独立转变，培养思维的独立性和发散性在三四年级尤其关键。班主任要让家长正确认识孩子在特定发展阶段的特点，更好地实现家校配合，共同培育的目标。

2. 养成良好的习惯比成绩更重要

良好的习惯能让孩子受用一生。

家长要多督促孩子看点课外书：

（1）和孩子一起制订读书计划，督促孩子有效地读书

在此，我希望家长能够协助老师一起督促孩子的阅读，积极鼓励您的孩子，让阅读成为一种习惯。

（2）给孩子安静阅读的时间、空间和足够多的好书

给孩子一个安静的房间，房间内要有一个书架、一个书桌，一些有用、有趣的好书。每天让孩子坚持阅读课外书半小时。

（3）和孩子一起共享阅读的好时光

可以通过亲子阅读的方式来培养孩子的阅读习惯和阅读兴趣。例如，家长每天早一点关掉电视，把精心挑选的书读给孩子听。一天 15 分钟，慢慢地培养孩子自主阅读的兴趣。

（4）与孩子交流阅读后的感受

鼓励家长与孩子共读一本书，共同探讨书本中的一个话题，可以问问孩子知道了什么，想到了什么，收获了什么。

3. 多给孩子一点信心，做孩子成长强有力的后盾

一般来说，家长看别人的孩子看到的优点多，看自己的孩子看到的缺点多。这是因为家长对自己的孩子十分了解，对孩子的期望也比较高。所以，家长应理性地对待孩子，多一些平和，少一些苛刻，以平常心对待孩子的成长。另外，家长还要注意呵护孩子的自信，挖掘孩子的潜能，激发孩子的自信心。孩子成绩不理想时，家长更应该给他信心，而不是一味地泼冷水，否则会使孩子对学习产生反感的情绪。家长要肯定孩子的努力，与孩子共同分析问题，一起解决问题。孩子是一朵朵娇嫩的鲜花，在他们成长的路上需要家长的鼓励，鼓励就像滴滴甘露，会使这些花朵开得更艳丽。

步骤 7　结语

家长朋友们，一个孩子的成长发展和进步，必须要有老师和家长的关爱，让我们一起为孩子们保驾护航。希望下次我们再见时，孩子又进步了！谢谢大家！

行动三　设置家长会特色互动活动

1. 父母生日卡

在学生父母生日的时候，可以以班级的名义送上一张生日贺卡。这既可以让学生知道父母的生日，懂得感谢父母的养育之恩，同时又是一种成本较低但具有班级特色的促进亲师关系的好办法。

制作生日卡时，班主任可以购买各种颜色的卡纸，然后配上表现班级形象的班徽等图案，甚至可以组织生日卡设计比赛，然后选取最好的一张印制成正式的父母生日卡。每个月底，让父母是下个月生日的孩子，自行选择想要送给父母的生日卡的颜色，让孩子自己在卡片背后写下感谢父母的话，再由班主任写上祝福语后，请孩子亲自送给父母。

2. 家长经验分享

“三人行，必有我师焉。”家长之间互相交流教育方法，有助于改进家长教育孩子的方式方法。班主任可以安排比较有教育经验的积极型家长，在家长会上进行经验分享，也可以针对某一类孩子普遍存在的问题进行答疑解惑，分享教育经验，比如如何培养孩子的阅读习惯，面对孩子成绩下降家长该怎么办，等等。从家长的视角对具体的问题进行答疑解惑，分享自己的教育经验，让家长会真正成为一个有交流的、有内容的、有收获的活动。图 8-5 为家长分享经验。

图 8-5　六年级某班家长进行经验分享

3. 学生表演视频

班主任可以设计一些有特色的学生表演，制作成视频，在家长会时进行展播。

例如，若家长会临近父亲节或母亲节，可以组织感恩父母的手语表演，如

图 8-6 所示。家长在感受到老师的用心的同时，也会增加对老师的信任和对学校的认同，为家校共育助力。

图 8-6 手语表演

4. 给孩子的一封信

家长会的时候，家长收到孩子的信，也应该回信。家长与孩子进行信件交流，可以拉近彼此的距离。

5. 做一个体验小游戏

游戏可以让人们放松情绪，能拉近彼此的距离。

例如，有教师在家长会开始前与家长玩一个“搭纸牌”的游戏，将家长分成 4 组，每组 10 人，请家长在规定的时间内将纸牌搭高，时间到，搭得最高的一组获胜，获胜组将获得奖品。家长们在游戏前必须分配工作，谁负责搭高，谁负责折牌，谁负责保持纸牌的平衡，通过游戏让家长感受到合作的重要性。如图 8-7 所示。

图 8-7 “搭纸牌”游戏

评 价

请仔细阅读表 8-4 家长会召开效度 PTA 检核量表的评分标准，然后对照进行评价。

（1）请你对“引导案例”中蒋老师的做法进行评价，并将结果填写在表 8-4 中。

（2）在自评和他评的基础上，进一步修改和完善“学思结合”环节的案例思考。

表 8-4 家长会召开效度 PTA 检核量表

评价指标	评分标准 （每条标准满分 5 分，取整打分， 重在厘清得分依据与扣分理由）	得分	
		自评	他评
A. 有效性	A1. 能基于家长需求召开家长会		
	A2. 能让家长客观了解本班的情况		
	A3. 能增强家长对学校和老师的信任，形成亲师关系		
B. 科学性	B1. 能依据理论和案例，阐述亲师关系的重要性		
	B2. 前期有调查，内容能使大部分家长接受与认可		
	B3. 能解决家长在学校和家庭教育方面的困惑		
C. 交互性	C1. 能与家长互动，形成良好的氛围		
	C2. 能安排合适的活动，活跃气氛		
	C3. 能提升班级凝聚力和家长认可度		

任务二 解决学生冲突

目标

1. 通过了解学生发生冲突的原因，采取合适的方式解决冲突。
2. 通过分析调查、深度交流、开展班会等，协调班内人际关系。

引导案例

不可忽视的“小打小闹”

下课时间，小周哭着来到蒋老师办公室报告，说小武打了他：“我好好的，我没惹他，他就打我。”小周一脸很委屈的样子，眼泪止不住地往下掉。没想到，还没等到蒋老师开口，打人的小武也到蒋老师面前来叫屈：“是他先弄我的，我想借他的尺子，他不仅不肯还推我。”小周急了，抢着说：“不是这样，你先推我……”两人各执一词，都气得咬牙切齿。

蒋老师说：“别急，我们一起捋一捋，既然发现了问题，解决问题就好了。”根据刚才两人的描述，蒋老师先让他们两个反思，让全班同学作仲裁者：“这件事情中，大家认为谁的责任更大？请大家换位思考，如果你是小周或者小武，你会怎么做？”

班长站起来说：“我觉得两个人都不对，小武想要借尺子可以好好说，不能推人，小周不想借也不应该推小武。”同学们你一言，我一语，纷纷表示赞同。听到大家的一番话语，两个同学的情绪也基本上平静下来，都有一点后悔。这时蒋老师说：“你们有什么想对对方说的吗？”小武低下头来说：“我不应该打小周，但是他推了我，也没给我道歉。”看到对方认错，小周很快就难为情起来，也说：“我不应该推你，对不起，我向你道歉。”同学们为他们鼓起了掌，两人的矛盾经过同学们的仲裁就解决了。

为了避免此类事件再次发生，让同学们之间建立良好关系，蒋老师接着问道：“那以后再发生类似的事情，该怎么办呢？”过了一会儿，小周说：“要及时道歉。”小武说：“不应该动手打人，他不道歉，就找老师解决。”

小学生之间磕磕碰碰的事件很多，一不小心就可能发展成打架事件。对此，老师的引导很重要。如果老师一味地批评学生，学生就会不敢告诉老师，从而可能导致更大的冲突。

在以上案例中，蒋老师采用了什么方法化解学生之间的冲突？如果你是蒋老师，你会怎么处理这些看似小却常见的学生冲突呢？

准　　备

微课：解决学生冲突（蒋莎）

冲突是指发生在同一空间，两个或两个以上事物的互相对抗过程。冲突分为两种：一种是意识的，另一种是物质的。意识以认识为基础，所以是无形的，物质的冲突是可见的、有形的。

在学生成长的过程中，除了父母和教师，同伴对于他们的发展也有着重要的影响。班级人际关系的有效管理有助于学生健康成长环境的形成。教师应注意采取恰当的方式，协调处理好同学之间的纠纷，以建立同学之间和谐融洽的人际关系。

行动　解决学生冲突

对于正处于身心快速发展阶段的学生来说，他们的情绪波动较大、认识比较片面，加上家庭教育的不足，同学之间常会出现大大小小的冲突。恰当地解决学生之间的冲突是教师工作的重要内容，也是对教师智慧的考验。教师要高度重视并妥善地解决学生冲突，而不能听之任之或漠然置之。

步骤 1　判断事情严重的程度

引导案例中小武和小周之间的矛盾，属于同伴之间因日常小事引起的纠纷，其后果也并不严重，因此仅将两位同学叫在一起通过谈判就可以解决。如果冲突本身或其导致的后果比较严重，比如有同学受伤、严重违反校纪等，那么就需要教师调集多方面力量进行解决。

步骤 2　调查事情的经过，分析冲突产生的原因

教师要及时进行深入细致的调查，而不能道听途说、捕风捉影，更不能用老眼光来看人。否则会委屈甚至伤害一部分学生，增添学生的反感和厌恶情绪。

因此，当学生发生冲突时，教师要亲自进行全面系统、有计划的摸底，把事情调查清楚以后再做决定。一般来说，分析学生冲突产生的原因可以从以下三个方面入手：

1. 生源性

（1）青少年个性不完善。小武和小周还是三年级的小学生，他们的心智发育还不够成熟，对事物的认识也不够全面，因此易采取冲动的、不恰当的方式来解决问题。

（2）角色差异引发的冲突。在校园里，除了学生这个统一角色之外，还有班级干部、各种小组负责人等不同角色。有时由于角色差异，利益不一致，一点小摩擦就可能会引起不愉快，成为产生冲突的导火索。

（3）缺乏人际交往技能。两位学生平时都待人诚恳、友善，但有时却好心办坏事，问题就出在方法上。还有许多学生对于友谊的理解、朋友的选择，如何在恰当的时候表达好感、爱心，以及如何协调处理矛盾，坚持交往准则等，还存在不成熟、非理性的看法，在交往中难免出现不尽如人意的地方，从而产生一些矛盾冲突。

2. 亲源性

引导案例中，学生冲突产生的原因可能是父母没有及时为小武购买学习用品，所以小武在做作业时没有尺子需要向别人借用；父母也没有教育孩子用恰当的方法解决此类问题。

教师应该全面、深入地寻找学生冲突产生的原因，可以适当与学生家长进行沟通，一方面，探寻潜在的家庭影响因素；另一方面，与家长共商教育对策，避免此类问题再次出现。

3. 师源性

教师监管不到位，未能察觉学生之间微妙的变化，没有及时处理学生之间的小矛盾，或者处理不到位，都会导致学生冲突的发生和发酵。小武和小周发生冲突的一个原因是班级文具管理习惯方面的教育不到位，教师在考试和作业前应确保学生的学习用具都已经备齐。

学思结合

折断的新钢笔

两个男生下课后跑到操场去摔跤，不过一会儿就打了起来，其中一个学生边哭边嚷：“你赔我钢笔，这是我爸爸新给我买的，他都不让我拿到学校里来。”另一个学生说：“反正不是我弄的！”两个人一起去找老师告状，一见到老师又各执一词地吵了起来……

请仔细阅读上面的案例，认真完成下列任务：

如果你是班主任，根据前面介绍的学生冲突产生的三个方面的原因，分析上述两位学生产生冲突的原因。

步骤 3 区分冲突主体的类型

按照个体在冲突中所处的地位和行为表现，可将冲突主体分为两种类型。

1. 主动型

有的学生在体型、体重、体力、体质等身体方面较为强壮，或者在心理上自以为强、自以为是、刚愎自用，使其在冲突中处于相对优势的地位。这类学生往往主动挑起事端，引发与同学的矛盾冲突，并给对方造成心理压力或人身伤害。

2. 被动型

与主动型冲突主体相比，被动型冲突主体在与同伴产生冲突时往往处于被动地位，成为弱势的一方，因而容易受到欺压、威胁和伤害。这类学生长期处于受欺凌的状态，自身无力改变现状。并且出于自尊，他们宁愿自己受委屈，也不愿让他人知道，更不愿寻求家长、老师和同学的帮助，只得屈辱地忍受欺凌。他们在身体和心理方面均受到伤害，易出现抑郁等心理疾病。

步骤 4 制定合理的冲突解决策略

1. 通过谈判来解决冲突

教师可以教导学生采用谈判的方式来解决冲突。在这个过程中，学生们必须学习运用“我的陈述”的六个重要步骤：

（1）陈述自己的需求。如：我现在必须使用这台计算机。

（2）陈述自己的感受。如：我感到很受挫折。

（3）陈述自己的需求和感受的原因。如：你已经使用这台计算机一小时了，如果还不能轮到我使用，我将无法如期完成我的作业。我等了这么久还不能使用计算机，我感到很受挫折。

（4）总结你对对方的需求、感受以及原因的了解。如：我知道你是……

（5）找出三个能够处理这个冲突的解决方案。

（6）共同讨论并选择一个对彼此都有利的解决方案，然后握手言和。

在运用的过程中，学生们必须不断地练习上述六个步骤，并从日常生活中的小冲突开始，渐渐应用到处理重大的冲突事件。

学思结合

小周的陈述

1. 自己的需求：“我要让小武向我道歉！无缘无故就打我，太过分了吧！”

2. 自己的感受：“我感到特别没面子，从来没有人这样欺负我！我心里特别特别难过，平时我对小武挺好的……”小周越想越委屈。

3. 自己的需求和感受的原因：“我不是不肯借给他尺子，上次已经借给他一次了，可是小武居然把我的尺子弄丢了，我特别生气，但是我也没有要他赔偿。这次他又来向我借尺子，我想起上次的事情心里特别火，就轻轻推了一下他的胳膊，没想到他反手就打在我的头上，都打疼我了……”

4. 总结对小武的需求、感受以及原因的了解：“我知道小武是想借尺子，以为我不肯又推你，可是我真的没有想推你，我确实不想再借给你尺子了，如果你又弄丢了，我妈妈该骂我了！你有想过我的感受吗？如果换作是你，你也不会再把尺子借出去了啊！”

小武的陈述

1. 自己的需求：“我做作业遇到一道要画线的题目，眼看作业马上就要交，我心里特别着急，就想向小周借一把尺子，我马上就会还给他。”

2. 自己的感受：“我感到很生气，他非但不肯借给我，还出手推我，不借就不借嘛，干吗动手呢？我心里特别难过！”

3. 自己的需求和感受的原因：“我只是想借用一下尺子而已，他怎样都不肯，我觉得他特别小气，当时就非常生气！况且他推了我一下，我更是火冒三丈，觉得特别没面子！”

4. 总结对小周的需求、感受以及原因的了解：“你这么一说我确实想起来了，我之前借过你的尺子没有还给你，是我错了，难怪你不愿意借给我尺子，我下次一定做到有借有还。我知道你平时对我挺好的，上次跑步摔跤也是你扶起我，带我走到了终点，我不应该为了一把尺子打你，我错了。”

小周和小武一起思考解决冲突的方案。小周：“我也有不对的地方，我不应该推你，我愿意把尺子借给你！”小武也低下了头：“对不起，我马上画好线，交了作业就还给你，谢谢你！”

请仔细阅读上面的案例，认真完成下列任务：

（1）请从“谈判”策略的角度，分析此案例中小周和小武的陈述。

（2）学生间常常因为小摩擦而产生矛盾，如错拿文具触发口角、无意触碰引发误会、小组合作时分配不均导致组员相争等，请你选择一个案例，讲讲处理方法。

2. 通过仲裁来解决冲突

当学生通过谈判无法自行解决冲突时，就需要通过仲裁的方式，借助同伴的力量来处理冲突。仲裁过程包括以下四个步骤：

（1）设法结束冲突双方的敌对状态。仲裁者要想办法改变冲突双方的敌对状态，首要之务是要让双方冷静下来。

（2）向冲突双方寻求对仲裁过程的认同。为了表示尊重，仲裁者必须先取得冲突双方的同意，确定他们愿意接受第三者的介入及帮助。仲裁者要有以下四个立场：① 仲裁者有清晰的角色定位。其角色只限于帮助冲突双方寻找一个解决方案。② 仲裁者必须保持立场的中立。公平、公正、无偏见、保持客观是仲裁者从头到尾应坚持的态度。③ 冲突双方都要有发表意见的机会。④ 仲裁者亦需监督冲突双方遵守一定的原则，例如同意解决问题、不能彼此咒骂、不能打断对方的讲话、尽可能诚实等。

（3）仲裁者提醒冲突双方所需注意的事项，包括上述通过谈判解决冲突中的“我的陈述”。

（4）将冲突双方达成的协议具体化。冲突双方必须遵守他们所达成的最后约定，由仲裁者监督执行。

总而言之，上述冲突处理方式是将学生在校园中处于被动的角色转变为主动的角色，而有能力解决冲突。此外，如果同伴仲裁者仍然没有办法解决学生之间的冲突，教师要适时地站出来帮忙。

学思结合

学校每年都会举行红领巾跳蚤市场，通过义卖募集善款。义卖品都是由学生自愿捐出的，每个班级搭建一个摊位进行销售。

今年，小吴同学成了同学们议论的对象。原来他把买来的东西再加价卖给同学，以此赚取差价。一来一去，他最后不仅买到了几样玩具，还赚了5元钱。

有同学向班主任反映了这一情况，批评小吴没有爱心，还说小吴是在骗钱，建议小吴把“非法所得”全部捐出来。如何处理呢？班主任很头痛，因为小吴为此次义卖已经捐过玩具，而且他的“收入”完全是在双方自愿的情况下获得的。

请仔细阅读上面的案例，认真完成下列任务：

你是如何看待这个问题的？如果你是班主任，如何运用仲裁的方法解决小吴和同学之间的冲突？

学思结合

物品丢失事件的处理

班里发生了一起物品丢失事件，班主任朱老师调查后发现是班里的一名男生偷的。该生是单亲家庭的孩子，与父亲一起生活。平时父亲对他关心不多，只是从物质上满足他的要求。这名男生学习好，有很强的自尊心，但内心又很自卑，平时就有爱慕虚荣、好面子、喜欢在人前摆阔等毛病。班主任朱老师经过考虑后，没有把这件事情向学校汇报，而是在班级内低调地平息了事件。没想到班级里物品丢失的事情接二连三地发生，大家都议论纷纷。这次，班主任朱老师把那名男生叫到了办公室。

朱老师的行动：

（1）明确沟通内容和目标。由于这名男生学习好，有很强的自尊心，但内心又很自卑，不适合进行谈判和仲裁，因此朱老师决定采用面对面沟通的方式来了解他内心所想，让他明白这样做是不对的，并最终改正他的不良行为。

（2）沟通之前尽量多地掌握学生的各种情况。朱老师了解到该学生是单亲家庭的孩子，平时父亲对他关心不多，因此需要老师更多的关心和耐心，打开他的内心。

（3）把握学生的内心世界，抓住教育契机引导自省。面对这位神情慌张的男生，朱老师首先肯定了他的优点。如："你是老师很欣赏的学生，学习那么自觉，成绩那么优秀，给大家树立了良好的榜样。"然后进行自我检讨，表示自己最近对他关心不够，询问他是不是遇上了什么麻烦，需不需要老师帮助。

（4）积极倾听。问问他对此事的看法，让他谈谈失主的心情。表扬他认错的态度，表示会替他保密并帮助他物归原主。

（5）通过深入谈话，引导学生树立正确的价值观。如："你知道同学们最佩服你什么吗？不是你有钱，不是你阔气，是你的成绩让大家佩服不已，大家都以你为榜样努力学习。如果你用你的知识和智慧帮助别人，大家会觉得你不仅成绩好还爱帮助人。自古以来让人敬佩的君子都是德才兼备的。"

（6）及时向家长反映孩子的情况。可以通过家访等方式让家长明白要多关心，多陪伴孩子，孩子成长除了物质方面的需求，更重要的还是精神方面的需求。

（7）后期继续关注学生的表现和班级情况。及时表扬该生的进步，巩固前期成果。

请仔细阅读上面的案例，认真完成下列任务：

（1）对案例中的冲突解决过程进行评价。

（2）如果你是朱老师，你将怎样解决这次的物品丢失事件？结合教学实例，进行设计。

步骤 5 构建良好的班集体，促进学生同伴交往

在一个良好的班集体当中，学生们都要具有化解矛盾的能力。每个学生都是不一样的，当类似的事情发生时，不同的学生适合不同的解决方式。因此，教师要教给学生解决问题的办法，培养学生解决问题的能力。“授人以鱼不如授人以渔”说的就是这个道理。

1. 树立观念

教师要帮助学生树立正确的人际交往观念，形成正确的交往态度。让学生明白每个人的生命价值是同等重要的，没有高低贵贱之分。人们在社会交往中的地位也是平等的，应当相互尊重，文明相处，友好合作，共同进步，为社会的发展作出各自应有的贡献。

例如，教师可以组织开展“学宽容 共温暖”的主题班会课，教育学生要相互关爱，珍重同学友谊，共同成长。

2. 授人以渔

通过召开系列班会，引导学生学会协调同学之间的人际关系。

（1）学会沟通。经常换位思考，牢记“己之所欲，人之所需”“己所不欲，勿施于人”的道理。

（2）冲突发生后，要及时弄清原因，有针对地寻找解决的办法。

（3）寻找正确的冲突解决途径。可以通过求助教师、家长和其他同学来化解矛盾。切不可使用极端的手段处理问题，也不可忍气吞声，盲目地相信“沉默是金”。

（4）分析冲突事件的后果，从中吸取教训，杜绝类似事件再次发生。

3. 通过游戏促进学生之间的交往

学生在游戏中是无比快乐的。在没有强制目标，没有外部压力，不被成人控制，自由、轻松的游戏活动中，学生能够与同伴积极交流合作，相互支持，从而体验到人际交往的快乐。教师可以引导学生开展各种有趣且有益的游戏活动，从而促进学生的健康成长。

例如开展“为善最乐”活动。每周或每月，让学生抽签，找一名他要保护的人，然后，请学生在暗中协助，不让别人知道。约定的一周或一月的时间到了，让大家猜一猜谁是自己的“守护天使”。组织讨论，请大家报告被助或助人的心得。

评　价

请仔细阅读表8-5处理学生冲突PTA检核量表的评分标准，然后对照进行评价。

（1）请你对“引导案例”中蒋老师的做法进行评价，并将结果填写在表8-5中。

（2）在自评和他评的基础上，进一步修改和完善“学思结合”环节的案例思考。

表8-5　处理学生冲突PTA检核量表

评价指标	评分标准与规则 （每条标准满分5分，取整打分，重在厘清得分依据与扣分理由）	得分	
		自评	他评
A. 有效性	A1. 学生是否运用了合理的策略解决矛盾		
	A2. 解决矛盾后学生之间的关系是否和谐		
B. 合理性	B1. 调查的原因符合实际情况		
	B2. 分析学生的类型具有客观性		
C. 自主性	C1. 能满足学生的需求，又不制造新的矛盾		
	C2. 学生是自愿、自主地解决矛盾的		

本单元小结

人际关系是指人与人通过直接交往形成的比较稳定的、带有情感体验的心理关系。班级是学校的基本管理单位，班主任不仅是学生的教育者，更是学校班级工作的组织者和负责人，是学校、家庭和社会之间的桥梁。因此，沟通和协调家长和教师之间的关系、学生和学生之间的关系、教师和学生的关系，是班级建设必需的。

班主任应提前了解大多数家长的需求，满足家长切实的需要，选择开展恰当类型的家长会，并为之做好充分的准备。在开家长会的过程中，班主任切忌“一言堂”，要注重与家长之间的互动分享，让家长参与互动，并在一场家长会后有切实的收获，这点无论是对家校合作的提升，还是对学生的发展都是至关重要的。

解决学生冲突是班级日常事务处理中最常见的。在这个过程中，理解和疏导学生的情绪是非常重要的，教师务必要了解学生发生冲突的表现背后的原因，处理要注重公平公正，不因对学生的刻板印象而左右判断。同时采取合适的方式，掌握正确解决学生冲突的方法，才能建构学生之间、师生之间的良好关系。

活动体验

请你对中小学家长做一项调查，家长对家长会有什么看法？是否对参加过的家长会感到满意？是否在家长会后有所收获？请你收集家长的建议和意见，了解家长眼中的家长会到底应该是什么样的。

反思与探究

与如何建立人际关系相比，调适并优化人际关系可能更为重要。为了更好地了解如何调适并优化人际关系，教师可以参考如下几个原则：

1. 尊重原则

尊重包括两个方面：自尊和尊重他人。自尊就是在各种场合都要尊重自己，维护自己的尊严。尊重他人就是要尊重别人的生活习惯、兴趣爱好、人格和价值。只有尊重他人才能得到他人的尊重。

2. 真诚原则

只有诚以待人，才能与他人产生感情的共鸣，才能收获真正的友谊。没有人会喜欢和虚情假意的人做朋友。

3. 宽容原则

在人际交往中，难免会产生一些不愉快的事情，甚至产生一些矛盾冲突。

这时我们要学会宽容他人，不斤斤计较。

4. 理解原则

理解是成功的人际交往的必要前提。理解就是我们可以真正地了解对方的处境、心情、好恶、需要等，并能设身处地地关心对方。

5. 平等原则

与人交往应做到一视同仁，不能因为家庭背景、地位职权等方面的原因而对人“另眼相看”。

问题：

（1）请结合上述原则，依据案例和工作中的具体情境，设计一次家长会活动，并阐述你这样做的理由。

（2）在解决学生冲突的基础上，我们仍须优化和改善学生之间的关系，根据以上原则开展一次班级活动，并阐述你这样做的理由。

推荐阅读

1. 尼尔森. 正面管教［M］. 玉冰，译. 北京：京华出版社，2009.

2. 管建刚. 一线表扬学［M］. 福州：福建教育出版社，2014.

3. 王慧珍. 立德树人背景下主题家长会课程体系的构建与实施［J］. 现代教育，2022（12）：47-50.

4. 窦营山，朱萍. 在情境中培养学生冲突解决能力：以“交友的智慧”为例［J］. 中学政治教学参考，2020（32）：52-53.

单元九

构建班级文化

【学习目标】

通过本单元的学习与训练，你能够：

1. 理解班级形象的构成要素及注意事项。
2. 正确认识班会，掌握班会的基本流程。
3. 根据学生的年龄特征及需求，自主设计班会。

任务一 建设班级形象

目 标

1. 通过查阅、比较，理解班级形象的构成要素及注意事项，体会班级形象在班级文化建设中的意义。

2. 通过自主尝试、学习优秀案例、深度交流等，能够在班级形象建设时，尊重不同声音，形成自己的特色，认同并践行“以人为本”的学生观。

引导案例

临风书院的特色班集体

浙江师范大学附属丁蕙实验小学临风书院位于杭州市上城区丁兰街道三义路59号，毗邻临丁路，为东风港所拥，取相邻两处位置名称的其中一字“临”“风”，结合为校区名，即临风书院。临风书院继承丁蕙实验小学本部“生命、生态、生长”三生理念，化抽象的禅意表达为具象的诗意阐述，秉承“桃红荷青、情暖花开”的办学理念。

桃红荷青：桃，是丁兰地域文化的代表元素；荷，是杭州江南风韵的代表元素。桃花的红艳，荷叶的青翠，是不同的生命形态展现的不同的美丽，寓意不同特质的学生也会有不同形态的发展。

情暖花开：以家园文化为载体，让每一颗种子在充满“情与爱”的生态环境里，凝聚为“绽放”的力量。寓意个体最终会花开叶长，呈现最美的生命姿态。

临风书院致力于打造“温馨家园”“创意校园”“书香校园”。蜂巢式的大厅入口，圆角设计的儿童画教室，温馨的小屋和餐厅，童趣横生的图书馆……让学生处于自然亲切的校园里，让教师处于温暖团结的组织中。在校园走廊上，学校特意开辟了过道文化长廊，在这里呈现阅读小天地、绿色小盆栽等。除此以外，班级的形象建设紧紧围绕“植物”主题。正如著名教育家叶圣陶先生所说：“一朵花，一棵草，它那发荣滋长的可能性，在一粒种子的时候早已具备了。”教师就是种植家，孩子们成长的过程就是种子发芽成长的过程。因此，2019级班主任接手班级的第一件事，就是在充分理解学生的基础上，给自己的班级定班名（颜色+植物）与班训，让每一个孩子成为最好的自己，绽放绚丽的光彩，实现每一个生命的优质生长。

105班的潘老师考虑到杭州的常见植物能较快让学生有心理的共鸣，所以选择了“银杏中队”作为班级名称，并以“银杏”的寓意确定了班级寄语、中队精神与中队口号。

班级名称：银杏中队。

班级寄语：“活化石”银杏不仅有着优美独特的外形，更因其坚韧质朴、昂扬向上、生生不息，成为“历史的精华，永恒的标志”，它是坚韧与奉献的象征。希望105班的小朋友能像银杏那样用爱心与奉献感染他人，用坚韧质朴的品质影响他人，积极向他人传递正能量，成为更优秀的人！

中队精神：坚韧、质朴、友善、奉献。

中队口号：银杏浑身都是宝，我学银杏待人好。朴实谦虚不骄傲，团结互助不打闹。

109班的吴老师以对学生的期冀为引，选择了“紫藤”作为班级主题，希望孩子们像紫藤花一样紧密相连，团结奋斗。

班级名称：紫藤中队。

班级寄语：把每一个小朋友比作一棵紫藤，希望他们都有着紫藤一样奉献和团结的精神。不管遇到多大的艰难险阻，总是能一起手牵手，心连心，共同渡过难关。紫藤的美丽，不仅因它有与众不同的品质，更因它那生生不息顽强的生命力。希望109班的小朋友可以拥有紫藤一样的精神，能在我们的紫藤树下茁壮成长。

中队精神：能独立、会协作、肯助人、敢竞争。

中队口号：紫藤树，花团簇，团结情，心中筑。

这两位教师对班级形象的设计很成功，学生们接受了教师的讲解，理解了班级名称与特色植物的含义。

如果你是临风书院某班的新班主任，要采用“颜色+植物”进行班级形象的建设，你会怎样做呢？

准　　备

作为班级文化建设的重要内容，班级形象的建设需要得到重视。班级成员可以在班会中通过协商讨论，共同建立班级形象，如班名、班歌与班训。让每个学生表达自己的想法、感受与不满，倾听并理解每个学生的见解，这有助于班级成员以合作的态度解决问题，增进班级和睦的气氛。

拓展资料

班级形象建设的原则

培养班级向心力是推进班集体健康成长的关键所在。通过周密、严谨的班级形象建设，在潜移默化中凝聚班级向心力，能有效加强班级凝聚力，也有助于改善班级风气、提升班级形象、创造良好的学习氛围等，从而在不影响任何学生受教育权的基础上，建设优秀班集体。在进行班级形象建设时，应当注意以下四个原则：

1. 适应性原则

班级在教育教学活动中受到内部环境和外部环境的影响，是不断发展变化的，因而班级形象的设计也要适应这一变化，要具有阶段性。比如，运动会时班级的口号是“某班某班 No.1，不怕困难，勇夺冠”；平时班级的口号是“某班某班，奋勇争先，齐心协力，创造奇迹”。如果忽略了这一变化就必然导致班级形象的落后，不仅不会起到促进作用，反而可能让同学们失去班级归属感，阻碍班级向心力的形成。因此，要充分了解班级形象的适应性，维护班级形象的完整性和规范性。

2. 艺术性原则

班级形象应具有艺术性，对内、对外的展示过程也是一个审美过程。因此，班级形象的设计要符合美学原理，以适应学生和任课教师对美的需要，不仅可以陶冶学生情操，也能使教师在授课时更加热情饱满。班级形象的艺术性越强就越能吸引人和感染人，给人留下深刻且友好的印象。在班徽、名片、班服、黑板报等应用要素设计上体现艺术性，打造一个生机勃勃、青春朝气的班级形象。

3. 原创性原则

原创性原则是班级形象建设的基本要求，即要立足班级的实际情况进行班级形象设计，要能展示本班独特的精神风貌，反对抄袭和剽窃行为。原创性原则体现创新精神，要求班主任和学生在进行设计活动时要集思广益、协同合作，使得每一位班级成员都能参与到设计活动中来，在潜移默化中形成班级向心力，让每一个学生都能感到快乐，培养学生团结协作的意识。而且因为班级里有多少人就会有多少不同的性格：有外向的，有内向的，有热情的，有内敛的……在个体性格、家庭环境的影响下，短时间内很难凝聚成一个团结的集体，而在进行原创性设计时尊重每个学生的个性，也体现了以人为本的素质教育观，有助于建立一个和睦、温馨、团结、友爱的大家庭。

4. 整体性原则

班级形象建设最大的特征就是它的整体性、系统性。班级形象建设是系统地对整个班级的理念因素和行为因素进行设计，不仅包括班训、班歌、班级宗旨、班级宣言等，也包括班服、班徽等。班级形象建设的项目虽然很多，但是项目之间并不是孤立的，而是和谐统一的，它们共同组成了一个完整的班级形象。因此，班级形象建设要统筹考虑各方面因素和项目。

学思结合

撤下来的班训和班徽

刚刚走上工作岗位，学校就让我做班主任。我既紧张又兴奋，心里暗暗发誓，一定要把班级带好，做一个优秀的班主任。俗话说："好的开端是成功的一半。"为了让学生快速形成凝聚力，打造良好的班级形象，我决定从设计班训、班徽入手。经过苦思冥想和反复比较之后，我拟定了"同舟共济，奋桨争流"的班训，希望引导、激励学生早日组成一个团结的集体。我又请广告公司的朋友设计制作了班徽，班徽以"一"和"4"——我带的是一（4）班——为基本元素，组成了一个乘风破浪的帆船造型。班徽与班训含义一致，设计得又十分精美，我心里颇为得意。果然，开学前一天，我把班训和班徽贴到了教室的前后墙上，其他新班主任看了之后，都说我准备工作做得很充分。我心里美滋滋的。

开学一周后，学生基本适应了学校生活，焦头烂额的我才稍稍缓过劲来，在第一次班会课上讲完常规事项后，我结合班级发展目标，踌躇满志地向学生详细解释了班训的含义。原以为学生会被深深地吸引，但是结果出乎我的意料，学生听完我的解释大都显出茫然的神色。我又问学生从班徽中看出了什么，只有几个学生看出了"一"和"4"两个数字，知道是代表我们班级。经过我的反复提示，学生们终于看出了抽象的帆船造型，但还是有很多学生对班徽的寓意似懂非懂。

在以后的很长一段时间内，尽管我反复向学生解释班训和班徽的含义，甚至要求他们背下来，但学生始终没有真正理解，更谈不上自觉地认同了。班训和班徽贴在那儿基本上成为摆设。到了二年级下学期，沾满灰尘的班训和班徽再也无人注意，我终于彻底失望了，黯然地把它们从墙上摘了下来。①

请仔细阅读上面的案例，认真完成下列任务：

请你根据班级形象建设相关理论，思考上述案例中“我”的班级形象建设工作无疾而终的原因。

通过下面行动中的具体案例，运用所学的班级管理相关知识，提高班级形象建设能力。

行动　合理设计班级形象

进行班级形象建设是班主任接手一个班级、提升班级向心力的重要形式。班级形象建设主要包括班名、班徽、班歌、班训等，新教师可以参考以下步骤：

步骤1　了解校情、班情

微课：合理设计班级形象（王佳慧）

初为班主任，设计班级形象的第一步就是了解你所在学校是否已经形成了较为系统的校风氛围，学校对于每个年级是否有不同规划方案，如案例中临风书院的班级形象建设紧紧围绕“植物”主题，二年级的十个班级特色班名分别为“银杏、白杨、白桦、金橘、紫藤、红杉、红枫、紫荆、丹桂、青松”，秉承临风书院“桃红荷青、情暖花开”的办学理念。

① 宁皋海. 越俎代庖的教训. 转引自：黄正平. 班集体问题诊断与建设方略［M］. 北京：教育科学出版社，2007：117-118. 引用时有修改。

拓展资料

浙江师范大学附属丁蕙实验小学简介

浙江师范大学附属丁蕙实验小学是一所新型的标准化学校，是浙江师范大学进驻杭州主城区全面规划的第一所附属小学，同时也是一所正在兴起的智能化学校。

学校坐落在优美的皋亭山下，秉承“生命、生态、生长”的办学理念，遵循“一切为了学生快乐成长”的办学方针，打造适合学生多维发展的民主的、情感的、探究的、体验的、创新的五彩课堂。学校因地制宜，开发独具特色的校本课程，传播丁兰孝文化，挖掘山樵艺术魅力，构建生命科技馆，将人文和艺术播撒在校园里，浸润在学生心中。

学校聘任了一批高学历、高素质的教师，并高度重视教师队伍建设，借助浙江师范大学，联袂兄弟院校，依靠江干教育平台，对教师进行多种形式的培训，不断提升师资水平。

学校抓住教育信息化这一发展契机，全力打造“智慧校园”，借助先进强大的设施设备，对教学、科研、管理进行充分融合，初步实现了智能化管理，且取得了较大成效：“电子校徽”是孩子成长的安全卫士，“开放课堂”是家长信赖的可视空间，“透明食堂”已成为师生放心的能量供应站，“巡更系统”和联动对讲机打造了校园安全的防护墙，“云端家校”铺就了学校与家庭的高速直通车。

办学以来，浙江师范大学附属丁蕙实验小学已获得“浙江省义务教育标准化学校”“杭州市智慧教育示范校”“全国智慧校园示范校”“浙江师范大学实习基地”“省直机关走亲结对艺术基地”等多项荣誉，办学成果得到家长与社会各界的充分肯定。学校将在已有基础上，再接再厉，更快更好地发展，为建成江干区的教育新名片努力奋进！

在“生命、生态、生长”的理念指引下，学校坚持“高质量、有特色、创一流”的办学目标，努力将“三格引领”（国格、品格、性格）、“三课联动”（课程、课堂、课题）、“三名并举”（名师、名学科、名校）、“三维拓展”（视野、领域、资源）、“三大创造”（创造思维、创造发明、创造设计）、“三项爱好”（最喜爱的课外读物、最喜爱的学科、最喜爱的劳动创造项目）作为学校推进优质教育发展的强大动力。在校园文化建设方面形成了独有的“三色校园”（绿色的春风——春季艺术节，红色的夏雨——夏季科技节，金色的秋海——秋季体育节），不仅丰富了校园的生活，也为学生的人格塑造营造了良好的氛围。

在了解到学校的校情之后，就要具体考虑你接手的班级的情况。主要分为两种：一种是接手新入学的班级，这样的班级就需要教师在家访时关注班级学生的个性差异，在开学后选择时间共同设计班级形象。教师可以在开学第一节班会上提供选项，用浅显易懂的语言介绍选项的具体含义，由学生投票选择出班级形象的具体物象，增加学生的参与感，这样也有助于低年级学生形成对班级的认同感。比如金橘班的班级名称，由学生投票选择产生，学生认为自己的班级是年级“最好吃”的班级。“金橘”形象贴近学生生活，对学生的吸引力强烈，有助于新生入学后快速融入班级生活。另一种则是接手他人的班级，要看学生对于原班级形象的归属感与认同感，再决定是否调换班级形象。

步骤 2　确定班名

班名的确定是班级形象建设的第一步，也是非常重要的一步。引导案例中 105 班的潘老师根据学校的“颜色+植物”的设计理念，同时为了较快地让学生产生心理共鸣，选择了“银杏”这一杭州的常见植物作为班名。在这里需要注意，因为潘老师接手的是一年级的低龄学生，自我认知尚不完全，因此潘老师省略了班会讨论、共同确定名称的方法，采取了直接教育的方式更容易被低年级学生接受。在选择过程中，潘老师经过反复思考，开展头脑风暴，不断聚焦可以让学生接受的、具有班级特色的且符合校园文化建设要求的形象，最后联想到“银杏”这一在本地很常见的具有悠久历史底蕴的植物，不仅能让学生联系生活经验去理解与接纳，而且具有文化底蕴与独有的美德。

步骤 3　围绕班名进行深入讨论

在学生对于班名有一定了解后，教师可以通过各种在校活动、日常教育教学等不断地让学生理解班级的形象，使用班级的形象，强化班级的整体行为规范和价值理念，使其内化为学生的自觉行动。和学生分享班名的意义，如除了知道银杏是“活化石”之外，我们同样应该学习银杏所代表的坚韧、质朴、友善与奉献精神。应以学生为设计的主导力量，尊重学生的设计思路，但是同样需要考虑学生的年龄特点，不要使用较难理解的词语，以免学生“云里雾里”搞不清楚。

步骤 4　进行班徽设计

班名确定以后，可以围绕班名、班级序号等进行班徽的设计。可以交给学生大胆创造，使学生更有归属感。作品收集好之后，由本班学生投票选出最佳设计作为本班班徽形象。以图 9-1 紫荆班班徽为例，该班徽由学生、家长与教师共同设计，最外围是学校的名称与班级的口号，边缘为紫荆花镂空的花瓣，最中间的小人象征着教师与家长，他们共同托起象征着学生的紫荆树苗，使其能够在阳光下茁壮成长。

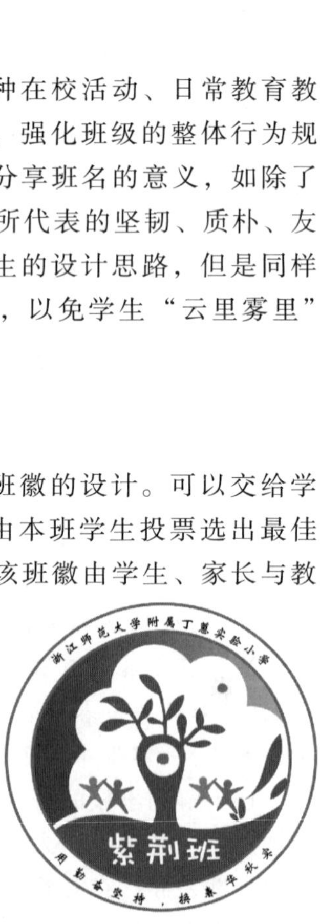

图 9-1　紫荆班班徽

步骤 5　选择班歌与班训

在班歌与班训的选择上，不能单纯地跟风，也不能将网络流行歌曲拿来即可。紫荆班的班歌，是班级在第一次运动会上获得年级总分冠军后由学生投票选择的，名为《你的答案》。学生们一致认为，只要努力，敢想敢拼，时间会告诉你答案。在班歌选择方面，班主任老师也要把关，要选择符合学生年龄特点，朗朗上口，可以在集会时演出的鼓舞人心的正能量歌曲。

好的班训都是内容与形式的结合品，要用形象的语言表达明快的意旨，要有较为明确的宣传和鼓动作用，一般控制在 4～12 字，且多为双数。如银杏班的班训为“勤慎诚恕”，寓意学生要时刻勤奋、谨慎、诚实、宽容，激励学生前进。

步骤 6　不断完善班级形象建设

需要强调的是，班级形象建立后并不是一成不变的，可以根据实际情况，不断充实与更新，保证学生内化于心，从自身产生认同感。如果在早期班级形象建设时发现明显的不适应性，教师与学生可以及时对班级形象进行更新与调整。浙江师范大学附属丁蕙实验小学的班级形象建设根据每月一节的主题不断变化充实。比如五月孝廉节，紫荆班学生就在紫荆花瓣上贴上自己年幼时与父母的照片（如图 9-2 所示），理解父母工作的不易，传承孝廉精神。

图 9-2　紫荆班孝廉节布置亲子秀

学思结合

完成任务的班级文化建设

周老师在接手 Z 班时，Z 班没有班徽、班牌等班级标志，教室的布置也略显粗糙，只是按学校要求进行了板报、墙面布置，贴了必要的雏鹰争章、队角、家园之窗、荣誉栏等。在布置前也没有进行整体设计，各板块之间的颜色、形状等并不协调，缺少美感。教室前面的黑板上方张贴了校训——崇德求是，和谐有为；黑板的左侧是图书角，放置着一个书柜，每位同学在书柜中放了五本书；黑板下方是黄色小向日葵墙贴。教室两侧的柱子上贴着勤奋踏实、积极进取、关爱集体和自信阳光四幅立体泡沫墙贴，但由于贴的时间过久，墙贴都已经泛白，墙贴上原有的一些树、花和动物也已经脱落了许多。

周老师接手Z班之后，给Z班取名为“笋芽儿”，希望班里的每个学生都能像倪树根先生在童话故事中写的笋芽儿一样，在竹妈妈的鼓励下，在春雨姑娘和雷公公的帮助下，在春天里破土而出，长成健壮的竹子。这是周老师的希望，Z班的目标也是每个学生及其家长的目标。现在Z班的班级形象正围绕这个主题进行建设。

由于时间紧、事情多，班名和班徽都是周老师定的。班徽来自网上的一张图片，虽然不是大家商量定的，但很好地传递了班级的目标和文化内涵。这个班徽也受到孩子们的喜爱，在每周一升旗仪式等各种学校活动中，Z班都会举着队旗，捧着班牌（班牌上有班徽和班名），自信满满地展示着班级风采。

班级文化建设应注意的问题

请仔细阅读上面的案例，认真完成下列任务：

（1）请你结合班级文化建设应注意的问题，谈谈你是否认同上述案例中周老师的做法。

（2）如果你是周老师，你会采取哪些措施和办法呢？

评　　价

请仔细阅读表9-1班级形象建设能力PTA检核量表的评分标准，然后对照进行评价。

（1）请你对“学思结合”环节中周老师的做法进行评价，并将结果填写在表9-1中。

（2）在自评和他评的基础上，进一步修改和完善“学思结合”环节的案例思考。

表 9-1 班级形象建设能力 PTA 检核量表

评价指标	评分标准 （每条标准满分 5 分，取整打分， 重在厘清得分依据与扣分理由）	得分	
		自评	他评
A. 准确性	A1. 对班级形象建设的作用认识准确		
	A2. 对班级形象建设的原则认识准确		
	A3. 对班级形象建设的步骤了解准确		
B. 完整性	B1. 班级形象能凸显内容的精选性		
	B2. 班级形象能突出多样性、分层性		
	B3. 班级形象较为系统、完整		
C. 深刻性	C1. 班级形象能精准满足学生发展需要		
	C2. 班级形象设计具有创新性		
	C3. 班级形象建设能突出有效性		

任务二 开展班会活动

目标

1. 通过查阅、比较、深度思考和交流，形成对开展班会活动的正确认识，并结合理论与实践，正确选择主题开展班会。

2. 通过自主尝试、学习优秀案例、深度交流等，掌握并运用班会的基本流程，能引导学生在班会中体验价值，提升个人发展。

引导案例

争做自信小银杏的主题班会

经过了一个学期，银杏班的潘老师通过对学生的了解、观察发现班里的大多数学生不敢参与学校开展的各项活动，即使是有某方面特长的学生也总怕出丑，认为自己的能力不够。特别是在第二学期期中考试前，好多学生担心会考不好。通过自信心的问卷调查，潘老师发现大部分同学缺乏自信心。针对这一情况，潘老师特意准备了一次以“我是最棒的——争做自信小银杏”为主题的班会。

潘老师以班级形象“银杏”为切入点，让学生思考如何能成为像“银杏”一样的人，如何用爱心与奉献感染他人，用坚韧、质朴的品质影响他人，积极向他人传递正能量。这一切都离不开自信这一法宝，只有自信才能让自己成为敢于尝试、勇于挑战、争取机会、传递爱心的银杏。

通过潘老师的精心设计，帮助学生认识自我、接纳自我、建立自信心的班会课在愉快的歌曲中圆满结束了。

准　　备

班会是一种定期举行的例会，为教师和学生学习合作、互敬、诚实、负责任的民主程序提供机会。从文化的角度来看，班会具有文化仪式的作用，它围绕着班级成员关心的主题与内容展开，能够向班级成员传达班级的核心价值观，并且通过反复的活动不断地予以强化。

班会的具体形式很多，如主题班会、问题探讨式班会等，不同类型的班会的实施方式会有所差异。本单元以主题班会为例，探讨班会的具体实施方式。

主题班会是以班会课作为基础，围绕某一具体主题展开的教育活动。主题班会需要在教师的引导下，基于学校确立的德育目标，以学生的身心发展特点及学生的需求和兴趣为依据，并以学生为主体、教师为主导，师生共同参与设计与开展。主题班会重在主题的确立，不仅要包含德育内容，而且要有实践价值和意义。主题班会要达到促进学生情感、态度、价值观发展的作用，即不仅能使学生吸收消化德育理论和知识，而且还能使这些理论和知识逐渐成为学生的道德行为习惯。

微课：有效开展班会（王佳慧）

班会是学校对学生进行道德教育的重要方式之一，它与教师对班级的日常管理工作和学生的学习生活紧密结合。开展班会既有利于学校良好校风的形成，又有利于教师提高自身的专业素质，还能对学生进行有效的道德教育。因此，有效开展班会可以让班会发挥其应有的教育价值。

学校教育是非功利性的，以学生为主体，培养学生积极向上、活跃思维的活动。学校教育的出发点是让学生在将来更好地立足社会、服务社会。作为学校道德教育的载体，班会有着不可取代的重要意义。

行动　主题班会的有效开展

主题班会是班集体建设的一项必要活动，在班会上师生可以讨论思想品德问题，也可以讨论班级工作，还可以让学生谈认识、交流思想、介绍学习经验、开展批评与自我批评等。选择一个好的主题，对开好主题班会至关重要。

步骤 1　了解班情与学情

在进行主题班会设计前，要做好调查，了解学生的思想动态，关注学生发展的需求（喜好、特长、衣食住行等）以及班级的重点问题（学习、安全、心理、文明礼仪等）等，这些都可以帮助我们确定班会主题。

步骤 2　确定合适的主题

主题鲜明、有教育意义、符合学生的身心发展规律是班会主题最基本的要求。主题可以根据班情进行选择，如案例中潘老师根据班级大多数同学出现的不自信情况，确定班会主题为“我是最棒的——争做自信小银杏”；也可以根据教育目标进行选择，如《中小学德育工作指南》《中小学文明礼仪教育指导纲要》等。班会主题的切入点要小，比如教导低年级学生文明礼仪的班会主题为“排排队，真快乐”，简单易懂。总体来说，合适的班会主题要准确鲜明、新颖生动，并且简洁凝练，聚焦真问题，有教育意义。

拓展资料

关于亲情的班会主题

一年级：我爱爸爸妈妈
二年级：记住爸爸妈妈的生日
三年级：自己的事情自己做
四年级：爸爸妈妈不在家
五年级：我当一天家长
六年级：我和爸爸妈妈一起上班

步骤 3　撰写主题班会方案

主题班会方案

确定好主题以后，教师需要撰写一份符合学情的班会方案，包括班会主题、班会选题原因（背景）、班会目标以及班会具体流程。比如，基于青少年近视率逐年提升这一社会热点问题，李老师决定组织一场保护视力的主题班会，精心撰写了主题为“‘目’浴阳光，呵护‘睛’彩”的班会方案；为庆祝建党 100 周年，学校开展了“童心向党，礼赞童年”主题月活动；王老师决定以此为契机弘扬爱国传统，因此准备了“新征程：祖国成立”主题班会。

步骤 4　做好班会开展前的准备

班会活动开展前的准备可以分为前期准备、中期准备与后期准备。

前期准备包括两个层面：一是教师层面，教师要做好充分的准备。教师要围绕主题，尽可能多地收集相关资料并罗列出学生存在的与主题有关的各种问题，分析并找出原因所在，以便指导学生改进。另外，教师还要根据班级的情况，设计一份详细的活动方案，预测班会开展过程中可能出现的问题，并考虑采取怎样的措施预防和解决。二是学生层面，充分发挥学生的主体性和积极性。为了让学生更好地融入主题班会中，改变教师“一言堂”的说服教育，把班会转变为“学生讲，老师听”的形式，教师需要提前准备班会基础流程讲稿，并选择学生主持。同时可以在班会开展前把班会的主题告知学生，以便学生对班会活动产生兴趣，积极投入到准备活动中来。

中期准备包括制作教学课件，确定两位主持人（由班级同学轮流担任）并给他们班会基础流程讲稿，指导主持人撰写班会主持稿，确定班会记录者以及拍摄者。

后期准备包括：对班会的举行场所进行简单装饰；检查材料是否齐全、教室多媒体设备是否正常；搬动桌椅，留出中央空地；采用丛聚式的座位形态，将学生随机分成 6 人小组，并把他们的桌椅聚合在一起形成小组的形式。

拓展资料

班会讨论与发言的基本原则

1. 每个人都有机会发表自己的见解。
2. 一次只允许一人发言。
3. 不要打断别人的话。
4. 说你的感受，但是不要攻击或者贬低他人。
5. 可以保持沉默。
6. 认真倾听他人的发言。
7. 相互尊重，平等待人。

步骤 5 正式开展班会

以“‘目’浴阳光，呵护‘睛’彩”主题班会为例。李老师通过近视模拟游戏体验，让学生知道什么是近视；借助《眼镜找朋友》情景剧和专家介绍视频，让学生了解近视的成因和近视对生活的影响；事前准备的学生生活分享和家长视频分享，唤起学生对近视的重视；通过专家释疑近视成因，引导学生展开自主探究，讨论交流如何保护视力。最后结合护眼儿歌教给学生保护视力的方法，并利用课堂护眼操将知识转化为实践，引导学生将所知用在日常行为中。

步骤 6 进行班会反思

在班会开展过程中，班会记录员听取并记录同学、主持人、班主任的意见，最后对班会的优缺点进行总结；由班队提交一份简洁的总结报告，针对缺点提出改进措施；将记录文件归入班级建设档案；将本节班会上所拍摄的相片整理成相册，并存入班级档案。

学思结合

共建班级形象的班会

刚刚毕业走入教师队伍的王老师最近有些头疼——如何有效地组织班级 42 名小朋友针对班级形象建设进行讨论呢？王老师知道班名、班歌、班训等班级形象的重要组成部分是班级文化最为明显的展示工具，在班级形象建设中切忌“越俎代庖”“曲高和寡”“虎头蛇尾”。因此在家访之后，王老师针对班级学生的年龄特点与心理特征，选择了几个符合学校要求的“颜色+植物”命名方式，以及具有深刻寓意的植物作为备选。王老师让 42 名学生亲自参与，先让学生查找相关资料，然后准备让学生在班会上畅所欲言，进一步丰富班名的内涵，最后进行投票，选择学生自己喜欢的班名并制定班级目标。

班会应注意的问题

这次班会一定会开展得热火朝天，但王老师担心自己开不好班会。

请您结合班会开展应注意的问题，帮助案例中的王老师顺利展开本次班会。

评　价

请仔细阅读表9-2主题班会评价表，对上述李老师的主题班会以及你帮助王老师设计的主题班会进行评价。

请仔细观看"'目'浴阳光，呵护'睛'彩"主题班会实录，认真完成以下任务：

主题班会实录

（1）请你对李老师开展的班会进行分析。

（2）如果你是班主任，你想如何开展以"保护视力"为主题的班会？

表9-2　主题班会评价表

评价指标	评分标准（每条标准满分5分，取整打分，重在厘清得分依据与扣分理由）	得分	
		自评	他评
A. 准备	A. 根据主题班会活动内容适当地布置教室，营造主题班会活动气氛，搭建学生自主发展、自我锻炼的舞台		
B. 主题	B. 主题鲜明、立意新颖、寓意深刻。整个班会自始至终均能围绕主题展开，主线明晰		

续表

评价指标	评分标准 （每条标准满分 5 分，取整打分， 重在厘清得分依据与扣分理由）	得分	
		自评	他评
C. 内容	C1. 内容具体而不空洞，能针对本班（校）学生存在的实际问题设计，源于学生的生活，关注学生的成长，具有较强的针对性、教育性和实效性		
	C2. 重点突出，能用学生易于接受的道理和事例说明问题，言之有物，贴近生活，引起共鸣，激励人心		
D. 形式	D1. 活动形式新颖多样，切合主题，符合学生身心特点		
	D2. 设计合理，过程完整，活动环环相扣、层层推进、衔接自然，各环节与达成目标联系紧密		
	D3. 时间把握得恰当，主次明确		
	D4. 主持人大方、机智、调控能力强		
	D5. 充分体现教师主导作用和学生主体作用		
E. 气氛	E1. 能调动全体学生参与班会的积极性，班会气氛热烈		
	E2. 学生积极发表自己真实的看法和见解，学生参与率达 90% 以上。班会呈现民主、平等、相互尊重的氛围		
F. 效果	F. 能深入学生内心，达到教育全班学生的目的，富有实效		
G. 特色	G. 有特色、有创新，能展示独特的班级文化风采		

本单元小结

班名、班歌、班训等班级形象的组成部分都是班级文化表征的重要组成部分，它们以符号的形式，成为班级文化最为明显的展现工具。

班会是一种定期举行的例会，可以为教师和学生学习关于合作、互敬、诚实、负责任的民主程序提供机会。它具有文化仪式的作用，有助于良好班级氛围的形成，是民主教育实践的机制，是孕育学生独立思考、解决问题、表达沟通能力的摇篮。教师在班会活动中应注意主题选择、撰写方案、主持与记录、座位安排以及实施过程等方面的技术与技巧。

创造一个团结合作、凝聚向上的班级文化氛围，对提高全班学生素质有着重大的现实意义。教师可以通过多种活动方式，创设良好的班级文化氛围。

活动体验

班级形象建设并不是空洞的、一成不变的，班级形象的整体建设是一项系统工程。班级形象建设从整体视觉上要符合这个班级的实际情况，在班级发展和成长过程中，班级结构、班级竞争等可能会发生改变，这就要不断地调整、完善班级形象。请结合党的二十大精神，谈谈班级形象建设需要考虑哪些元素？也请联系实际，走进中学或小学，看看班级形象建设是否符合所学知识？如果不符合，应该如何改进？

反思与探究

通过班级形象建设使班级形成一种团结、发展的精神风貌，展示独特的班级文化，透射出具有吸引力的班级感染力、凝聚力，班主任以此实现全方位、多角度地对学生的思想行为进行规范和引导。班级形象具有系统性、差异性和动态性等特征。

请你结合本单元任务一“引导案例”“临风书院的特色班集体”，谈一谈班级形象的系统性、差异性和动态性体现在哪些方面。

推荐阅读

1. 郑丽平. 把班级还给学生：班集体建设与管理的创新艺术［M］. 北京：中国轻工业出版社，2010.

2. 林志超. 从班会课到成长课程：德育特级教师的班会课微革命［M］. 上海：华东师范大学出版社，2017.

3. 黄正平. 主题班会［M］. 南京：南京师范大学出版社，2022.

主要参考文献

1. 本书编写组. 习近平总书记教育重要论述讲义［M］. 北京：高等教育出版社，2020.

2. 马克思，恩格斯. 马克思恩格斯全集：第3卷［M］. 北京：人民出版社，2002.

3. 马克思. 1844年经济学哲学手稿［M］. 北京：人民出版社，2018.

4. 管建刚. 一线表扬学［M］. 福州：福建教育出版社，2014.

5. 管建刚. 一线带班［M］. 福州：福建教育出版社，2018.

6. 洪耀伟. 理想的教室：教室环境布置和空间设计利用［M］. 上海：华东师范大学出版社，2017.

7. 洪耀伟. 打造最美的教室：教室环境布置创意设计与典型案例［M］. 上海：华东师范大学出版社，2020.

8. 李虹霞. 创造一间幸福教室［M］. 北京：教育科学出版社，2013.

9. 林正文. 儿童行为的塑造与矫正［M］. 北京：北京师范大学出版社，1998.

10. 林志超. 从班会课到成长课程：德育特级教师的班会课微革命［M］. 上海：华东师范大学出版社，2017.

11. 德雷克斯，索尔兹. 孩子：挑战［M］. 甄颖，译. 北京：生活书店出版有限公司，2015.

12. 尼尔森. 正面管教［M］. 玉冰，译. 北京：京华出版社，2009.

13. 田恒平. 中小学班级常规管理［M］. 北京：首都师范大学出版社，2007.

14. 王晓春. 做一个专业的班主任［M］. 上海：华东师范大学出版社，2008.

15. 王永新. 小学班干部工作手册［M］. 北京：开明出版社，2009.

16. 魏书生. 班主任工作漫谈［M］. 桂林：漓江出版社，2021.

17. 吴向东. 论马克思人的全面发展理论［J］. 马克思主义研究，2005(1)：29-37.

18. 吴志樵，刘延庆. 班干部的管理学问［M］. 合肥：安徽人民出版社，2012.

19. 熊华生，李慧. 班级管理智慧案例精选［M］. 上海：华东师范大学出版社，2011.

20. 徐长江，刘迎春. 班级管理实务［M］. 2版. 北京：高等教育出版社，2021.

21. 郑立平. 把班级还给学生：班集体建设与管理的创新艺术［M］. 北京：中国轻工业出版社，2010.

22. 朱益明，王瑞德. 中国教育现代化 2035：从规划到实践［M］. 上海：上海教育出版社，2020.

23. 朱有祥. 借力微电影，提升五年制高职学生班级常规管理的效果［J］. 科学咨询（科技·管理），2020（2）：119.